돌아뜰리에의
베이비돌 앤티크 옷 만들기

돌아뜰리에의
베이비돌 앤티크옷 만들기

2020년 2월 12일 초판 1쇄 인쇄
2020년 2월 19일 초판 1쇄 발행

지은이 | 정지원
펴낸이 | 이종춘
펴낸곳 | ㈜첨단

주소 | 서울시 마포구 양화로 127 (서교동) 첨단빌딩 3층
전화 | 02-338-9151
팩스 | 02-338-9155
인터넷 홈페이지 | www.goldenowl.co.kr
출판등록 | 2000년 2월 15일 제 2000-000035호

본부장 | 홍종훈
편집 | 상想 company, 이소현
디자인 | 상想 company
교정·교열 | 김경희
일러스트 | 이시은
사진 | 정지원, 상想 company
장소협찬 | 트리아농 청담(070-8129-5955)
전략마케팅 | 구본철, 차정욱, 나진호, 이동후, 강호묵
제작 | 김유석
경영지원 | 윤정희, 안서현, 김미애, 박미영, 정유호

ISBN 978-89-6030-545-8 13630

BM 황금부엉이는 ㈜첨단의 단행본 출판 브랜드입니다.

황금부엉이에서 출간하고 싶은 원고가 있으신가요? 생각해보신 책의 제목(가제), 내용에 대한 소개, 간단한 자기소개, 연락처를 book@goldenowl.co.kr 메일로 보내주세요. 집필하신 원고가 있다면 원고의 일부 또는 전체를 함께 보내주시면 더욱 좋습니다.
책의 집필이 아닌 기획안을 제안해주셔도 좋습니다. 보내주신 분이 저 자신이라는 마음으로 정성을 다해 검토하겠습니다.

돌아뜰리에의
베이비돌 앤티크옷 만들기

정지원 지음

BM 황금부엉이

Prologue

인연은 갑자기 다가왔습니다.

어느 날 밤늦은 시간, 연구실에서 인형옷 패턴을 그리고 있을 때였습니다. 마치 메리 포핀스의 등장 같은 박상희 실장님의 예상치 못한 방문이 그 시작이었지요. 그날로부터 몇 날이 지나고, 저는 자신도 모르게 베이비돌을 위한 빈티지, 앤티크, 시대 의상을 디자인해서 제작하고 있는 스스로를 발견하게 됩니다. 처음 출간 제안을 받았을 때는 저에게 베이비돌 의상 책을 쓰게 될 기회가 올 거라고 생각하지 않았던 터라, 준비되지 않았다는 이유로 거듭 고사했습니다. 그럼에도 동갑내기 실장님의 진정 어린 설득에 점차 마음을 열게 되었습니다.

우리는 압니다. 자신의 분야에서 어느 정도 내공이 쌓인 사람들이 어떤 일에 한 번 꽂히면, 누가 뭐라고 하든 자기만의 확고한 신념을 가지고 그 일을 해내고야 만다는 사실을요. 박 실장님의 제안을 처음 받았을 때의 막막한 느낌과 걱정은 기우였습니다. 그 사실을 알기까지 그리 오랜 시간이 걸리지도 않았습니다. 망설이지 말고 조금이라도 더 빨리 책을 쓰기 시작할걸, 그랬다면 마감 날짜를 자꾸 확인하고 원고 파일 들추며 불안해하지 않아도 되었을 것을, 하는 못난 후회도 없지는 않습니다.

그러나 그런 고생이나 후회는 지금 거짓말처럼 보람과 기쁨이 되었습니다. 마치 검은 흙과 썩은 낙엽으로 덮여 있던 산자락에, 밤새 하얀 눈이 내려서 온 세상이 멋지게 변한 것처럼 말입니다. 정직하고 실력 있는 기획자의 판단과 설득은 옳았으며 저는 해냈고, 이렇게 뿌듯한 결과물을 독자 여러분들과 공유할 수 있게 되어 감사할 따름입니다.

베이비돌이 인형 취미 분야에서 인기 점유율이 예전만큼 높지 않은 현실임을 솔직하게 인정합니다. 그러나 우리들의 인형 취미 대부분이 그 베이비돌에서 시작했다는 사실은 자명합니다.

다시금 우리가 옛사랑을 꺼내 볼 때가 되었습니다. 인형 장식장이나 창고 안 수납 상자 속에 고이 잠자고 있는 베이비돌들 말입니다. 상상 속 멋진 의상들을 한 벌 한 벌 만들어서 인형들에게 입혀봅시다. 그 과정에서 빨강 머리 앤을 만나고, 소공녀가 되었다가, 헵번도 떠올리는 행복한 시간으로 일상이 채워졌으면 하는 바람입니다. 물론 18세기 트리아농도 둘러보며 말입니다.

끝으로 늘 절대적인 지지와 응원을 보내는 나의 사랑하는 가족들과 달보라 작가님, 로지샘, 안나샘, 미누샘, 시애라 작가님, 그리고 이 세상의 모든 인형 마니아분들께 이 보람과 행복을 두루 나눠드리고 싶습니다.

이 책을 골라서 집어 들고 펼쳐주셔서 감사합니다!

저자 정지원 드림

Contents

Doll Photo

Say Hello
in the Morning Set

파자마 쿠션 세트 p.040

Daily Dress Set

데일리 드레스 세트 p.052

Nut Stitches on the Yoke

핀턱 요크 자수 세트 p.068

Anne's Dress with Floral Decorated Hat

빨강 머리 앤의 부푼 소매 드레스와 꽃 장식 챙모자 p.076

Little Princess Victorian Dress Set

소공녀의 빅토리안 드레스 세트 p.086

The Holy Communion

퍼스트 커뮤니온 드레스 p.092

Marie in Rococo Dress

프티 트리아농의 마리 테레즈 p.106

Lady in Bustle Dress

인상파 그림 모델 소녀 데데 p.122

Hepburn in Checked Coat

체크 코트를 입은 헵번 p.136

Basics of Sewing

기본 소개

01

기본 도구

❶ 시침핀
바느질하기 전, 원단이 움직이지 않도록 고정할 때 유용하게 사용됩니다.

❷ 핀쿠션
시침핀이나 바늘과 같이 작고 날카로운 물건들을 꽂아서 안전하게 간수할 수 있도록 해줍니다.

❸ 바늘
손바느질할 때 실을 꿰어 사용합니다. 인형옷을 만들 때는 바늘구멍의 최소화를 위해 길이 5cm 정도의 가는 바늘이 좋습니다.

❹ 실
옷을 제작할 때 원단에 적합한 각종 색깔의 실을 바늘귀에 꿰어 사용합니다. 인형옷을 만들 때는 재봉실이나 퀼트실이 사용하기에 적합하며, 자수 장식을 표현할 때는 주로 프랑스 자수실을 활용합니다.

❺ 재단 가위
원단을 자를 때 사용하며, 사용 시 원단 이외의 종이나 비닐 등을 자르지 않도록 주의해야 합니다.

❻ 겸자
패턴을 뒤집거나 솜을 넣을 때 유용합니다.

❼ 라이터
리본이나 레이스 또는 원단의 가장자리 올 풀림을 부분적으로 예방할 때 활용할 수 있습니다.

❽ 올 풀림 방지액
패턴대로 재단한 원단의 가장자리 올이 풀리지 않도록 바르는 약품으로 세탁이나 다림질 후에도 효과가 유지됩니다.

❾ 수성펜과 열펜
원단 위에 필요한 선을 긋거나 패턴을 대고 그릴 때 사용하며 수분이나 열이 닿으면 펜 선은 사라집니다.

❿ 줄자
치수를 잴 때 사용합니다.

⓫ 실뜯개
잘못된 바느질을 수정할 때 실을 제거하기 위해 사용합니다.

⓬ 고무줄끼우개
의상의 소매나 허리 등에 고무줄을 끼울 때 고무줄끼우개를 활용하면 통로 안으로 손쉽게 넣을 수 있습니다.

⓭ 30cm 자
직선 패턴이나 간단한 패턴을 그릴 때 사용합니다.

⓮ 글루건
장착된 실리콘 심을 열로 녹이는 도구로, 필요한 부분에 적당량 바를 수 있습니다.

⓯ 글루건 심
바느질로 고정하기 어려운 장식 부자재 등을 고정할 때 글루건의 열로 녹여서 접착제로 활용합니다.

⓰ 스팀다리미
작업 과정에서 원단의 구김을 해결하고, 제작한 의상 형태의 완성도를 높이기 위해 스팀을 가할 수 있습니다.

02
원단의 종류

* 원단 내용은 사람의 사용을 기준으로 합니다.

부드러운 리넨
리넨 100%의 20수 원단으로 내추럴 컬러가 돋보이며, 적당히 톡톡하여 잠옷이나 속옷을 만들 때 적합합니다.
* 선세탁 필요
* 다림질 가능

30수 수입 퀼트 원단
바느질하기에 편안한 30수 원단으로, 화려한 마카롱 패턴이 날염되어 있어서 사랑스러운 원피스 등으로 만들면 아주 잘 어울리는 원단입니다.
* 세탁 가능
* 다림질 가능

하프 리넨 원단
리넨과 면직이 섞인 고급 소재로 두께감이 있으며 포근함과 부드러움 그리고 따스함을 느낄 수 있어서 보닛이나 아우터 의상 제작에 적합합니다.
* 선세탁 필요
* 다림질 가능

수입 퀼트 선염 스트라이프 원단
고급 선염 원단이라서 앞뒷면의 차이가 크지 않아 대칭 재단할 때 무난하게 사용할 수 있습니다.
* 세탁 가능
* 다림질 가능

30수 퀼트 원단
바틱 염색 느낌의 날염 원단으로 실제보다 더 톡톡한 느낌을 주며 원피스나 아우터 제작에 적합합니다.
* 세탁 가능
* 다림질 가능

30수 날염 원단
바느질하기에 편안한 30수 원단으로, 화려하고 다양한 패턴이 날염되어 있어서 어울리는 패턴을 2~3종류 조합하여 의상을 제작하면 완성도 높은 결과물을 기대할 수 있습니다.
* 세탁 가능
* 다림질 가능

울체크 원단

서로 어울리는 여러 가지 색의 체크 패턴으로 된 울 혼방 원단으로, 코트나 격식 있는 FW 의상을 제작하는 데 좋습니다. 물에 닿지 않도록 수성펜 대신 열펜이나 초크펜 사용을 권합니다.

*드라이클리닝 세탁 가능
*다림질은 모직에 적합한 온도로 가능

멜란지 울트윌 원단

트윌 조직감이 있으며 여러 가지 색이 살짝 섞인 멜란지 소재의 울 혼방 원단입니다. 코트나 격식 있는 FW 의상을 제작하는 데 좋습니다. 물에 닿지 않도록 수성펜 대신 열펜이나 초크펜 사용을 권합니다.

*드라이클리닝 세탁 가능
*다림질은 모직에 적합한 온도로 가능

자수가 놓인 얇은 광목 원단 (오프화이트 톤)

60수 정도의 얇은 광목 원단 위에 꽃무늬 또는 기타 패턴이 자수로 놓인 원단으로 앤티크한 소품이나 속옷 및 블라우스 등의 아이템을 만드는 데 적합합니다.

*손세탁 가능
*다림질 가능

자수가 놓인 얇은 광목 원단 (베이지 톤)

60수 정도의 얇은 광목 원단 위에 꽃무늬 또는 기타 패턴이 자수로 놓인 원단으로 앤티크한 소품이나 속옷 및 블라우스 등의 아이템을 만드는 데 적합합니다.

*손세탁 가능
*다림질 가능

폭 15cm의 스캘럽 가공 레이스 원단

무지 프릴레이스 원단 위에 기계자수를 놓아서 가장자리를 화려하게 가공한 원단으로, 의상 가장자리 장식이나 간단한 앞치마를 제작할 때 유용합니다.

*손세탁 가능
*다림질은 저온 또는 스팀 정도만 가능

망사레이스 원단

무지 망사 원단 위에 꽃무늬 등의 패턴이 자수로 놓인 원단으로, 베일이나 시스루 의상을 만들 때 예쁘게 연출할 수 있습니다.

*손세탁 가능
*다림질은 저온 또는 스팀 정도만 가능

스캘럽 가공 레이스 원단

고급 소재의 원사로 짜여진 무지 망사 위에 화려한 문양의 큰 패턴이 기계자수로 수놓아져 있으며, 가장자리가 레이스의 패턴 라인을 따라 커팅된 자수 망사 원단입니다. 머리에 쓰는 베일을 제작할 때나 드레스 위에 겹쳐서 의상을 화려하게 표현할 때 유용합니다.

*손세탁 가능
*다림질은 저온 또는 스팀 정도만 가능

03

기본 바느질 방법

* 옷을 만들기 전에 기본적인 바느질 방법을 알아보겠습니다.

홈질

패턴과 패턴을 연결하거나 단 처리를 하는 등 다양하게 활용되는 가장 기본적인 바느질 기법입니다.

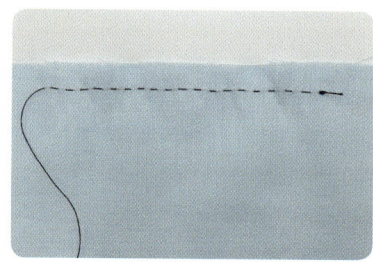

주름홈질

치마의 허리 부분이나 퍼프소매의 소매산, 소맷부리 등 주름이 필요한 부분에 활용하는 바느질 기법입니다. 가급적 두 줄을 나란히 바느질해서 실을 당겨야 시접이 말리지 않고 고르게 주름이 잡힌답니다.

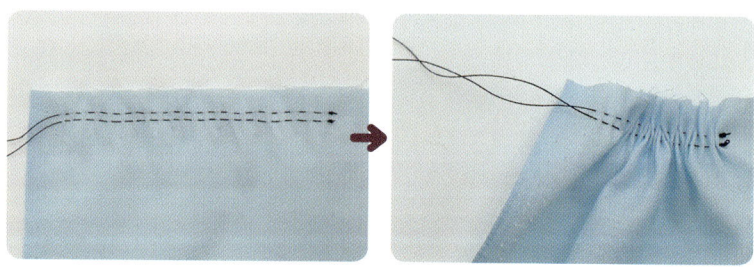

감침질

가장자리의 올 풀림을 막기 위해서나 단 처리 등 간편한 시접 처리를 위해 활용되는 바느질 기법입니다. 원단의 가장자리를 실을 이용해 나선형으로 말아 감듯이 꿰매줍니다.

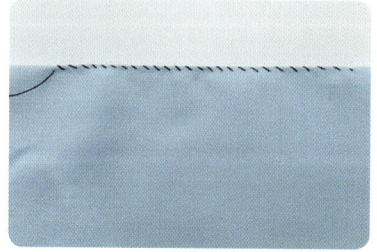

핀턱 잡아주기

❶ 핀턱의 간격을 정해 재단펜으로 선을 미리 그려줍니다.

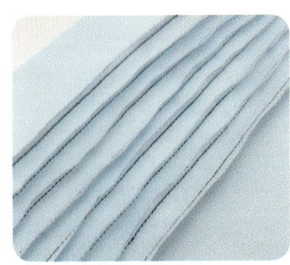

❷ 선대로 접어서 홈질이나 박음질 또는 재봉틀을 이용해 박아줍니다.

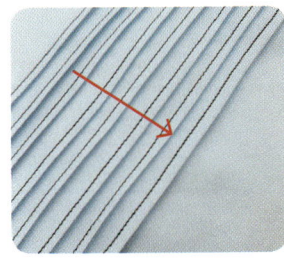

❸ 원하는 방향으로 핀턱을 눕혀서 다림질합니다. 사진은 한 방향 핀턱입니다.

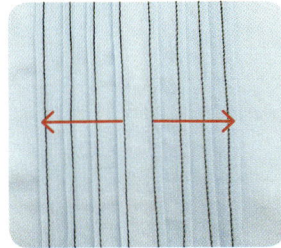

❹ 선대로 접어서 홈질이나 박음질 또는 재봉틀을 이용해 박아줍니다. 중심을 기준으로 좌우대칭으로 다림질하면 상의 중심의 핀턱으로 활용하기 적합합니다.

공그르기

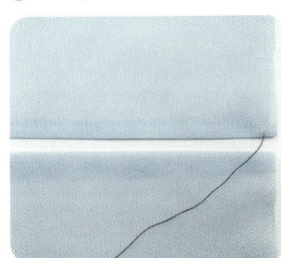

❶ 연결할 두 패턴의 시접을 각각 접은 채 나란히 놓고 한쪽 패턴 끝에서 바느질을 시작합니다.

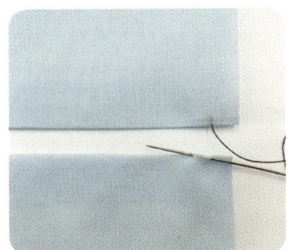

❷ 실이 나온 지점의 바로 밑부분을 바늘땀으로 떠줍니다.

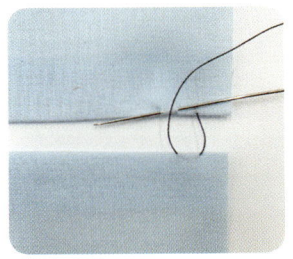

❸ 다시 윗부분을 바늘땀으로 떠줍니다.

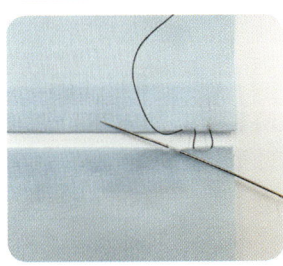

❹ 같은 방법으로 위아래 순서대로 바늘땀을 뜨며 진행하는데, 위아래 바늘땀 구멍이 반드시 수직이 되어야 나중에 바늘땀 사이에 실이 노출되는 걸 최소화할 수 있습니다.

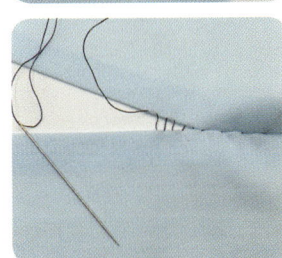

❺ 실을 당기며 계속 진행합니다.

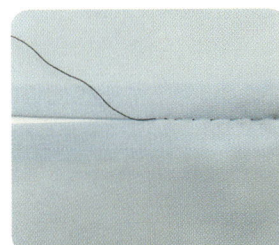

❻ 실을 잘 당기면, 바늘땀이 거의 보이지 않는 연결 솔기선이 만들어집니다.

고무줄 넣기

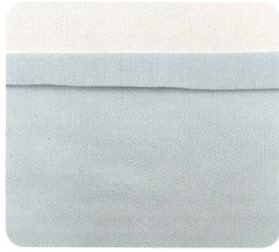

❶ 고무줄이 들어갈 부분의 시접을 접어줍니다.

❷ 고무줄이 통과할 간격을 감안하여 바느질합니다.

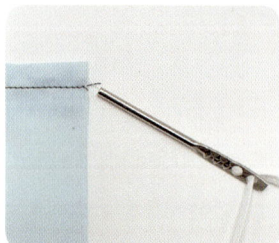

❸ 고무줄끼우개 구멍에 고무줄을 끼웁니다.

❹ 고무줄이 끼워진 채로 고무줄끼우개를 통로 안으로 넣습니다.

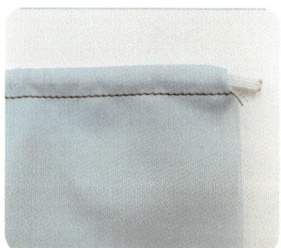

❺ 고무줄의 끝이 통로 끝에 조금 남게 두고 나머지는 전부 통과시킵니다.

❻ 끝부분 고무줄이 빠지지 않도록 바느질로 간단히 고정합니다.

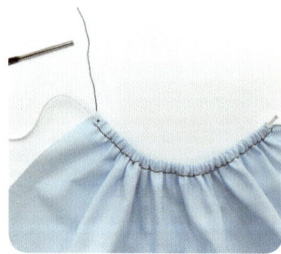

❼ 원하는 텐션이 되도록 고무줄을 당긴 후 고무줄이 나온 부분의 끝을 바늘땀으로 간단히 고정합니다.

❽ 남은 고무줄은 잘라냅니다.

❾ 옆선을 겹쳐서 꿰맬 때는 고무줄 부분도 함께 꿰맵니다.

단 처리 방법 1 밑단 장식이 없을 때 적합한 단 처리 방법입니다.

 ❶ 옆선을 박음질합니다.

 ❷ 옆선 시접을 가름솔로 처리합니다.

 ❸ 밑단에 말아박기를 하기 위해 처음 한 번 접어줍니다. (약 0.3cm 폭)

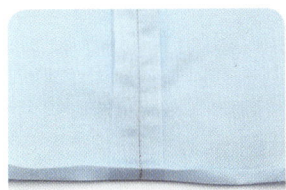 ❹ 처음 접은 폭만큼 다시 한 번 접습니다. (총 두 번 접은 셈입니다.)

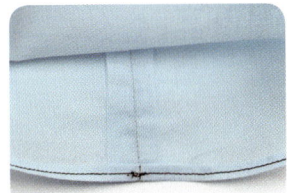 ❺ 두 번 접은 밑단을 박음질합니다.

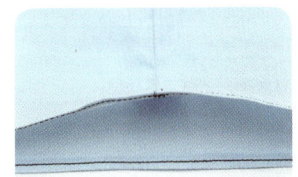 ❻ 시접 연결이 된 부분의 밑단 처리가 깔끔하게 된 모습입니다.

단 처리 방법 2 레이스 또는 프릴 장식이 필요할 때 적합한 단 처리 방법입니다.

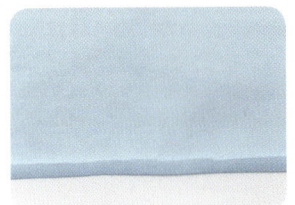 ❶ 시접을 겉면 쪽으로 꺾습니다.

 ❷ 겉면 쪽으로 접힌 시접 위를 장식레이스로 덮어줍니다.

 ❸ 시접이 덮인 레이스를 밑단과 바느질로 고정합니다. 이렇게 하면 시접이 노출되지 않고 깔끔해지겠죠.

 ❹ 옆선을 바느질로 연결합니다.

 ❺ 시접을 가름솔 처리합니다.

 ❻ 작업이 완료된 겉면의 모습입니다.

How to Make

Say Hello in the Morning Set
파자마 쿠션 세트

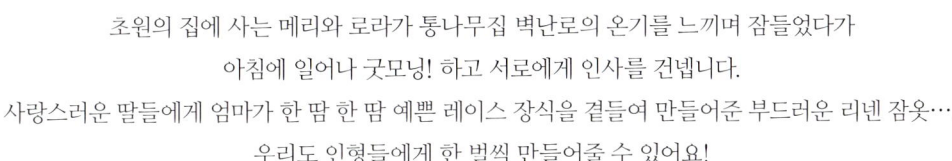

초원의 집에 사는 메리와 로라가 통나무 집 벽난로의 온기를 느끼며 잠들었다가
아침에 일어나 굿모닝! 하고 서로에게 인사를 건넵니다.
사랑스러운 딸들에게 엄마가 한 땀 한 땀 예쁜 레이스 장식을 곁들여 만들어준 부드러운 리넨 잠옷….
우리도 인형들에게 한 벌씩 만들어줄 수 있어요!

잠옷 바지 + 잠옷 드레스 + 슬리핑 보닛 + 필로

Item 1
잠옷 바지

잠옷 드레스 안에 받쳐 입는 아주 편하고 부드러운
잠옷 바지를 만들어봐요.

실물 크기 도안 p.151

재료

- 잠옷 바지 제작용 부드러운 리넨 원단 60×35cm
- 바지 핀턱 장식용 레이스 테이프 110cm
- 허리와 바지 밑단 레이스 테이프 60cm
- 폭 0.4cm 고무줄 30cm
- 진주알 약간

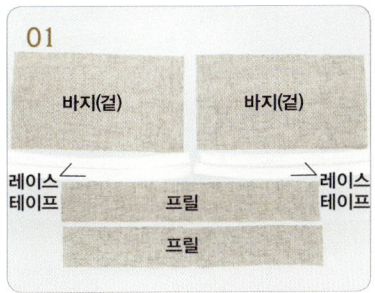

바지 제작용으로 26×16cm 2장 재단하고, 밑단 프릴 제작용으로 시접 포함한 크기로 40×6.5cm 2장 재단해요. 바지 핀턱을 장식할 레이스 테이프도 길이 26cm로 4장 잘라 둬요.

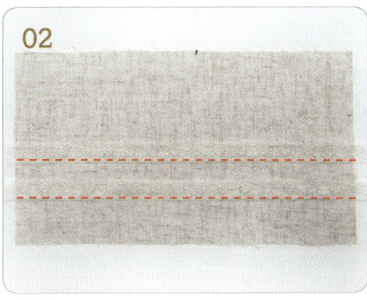

바지 제작용 원단의 밑단에서 각각 3.5cm 올라간 위치와 밑단에서 6.5cm 올라간 위치에 재단펜으로 선을 그려요.

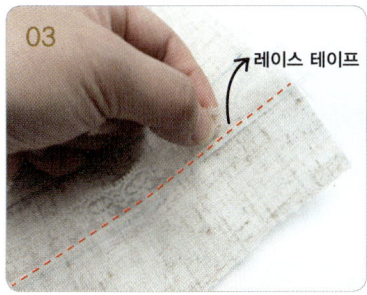

그려진 2줄의 선에 레이스 테이프의 일직선 가장자리 부분이 접하도록 올리고 시침핀 등으로 고정해요. 그런 후 레이스의 일직선 가장자리 부분에서 0.2cm 들어간 부분을 촘촘히 바느질해요.

레이스 테이프를 연결한 후에 바느질선대로 레이스 테이프를 접어 내리면 핀턱선이 자연스럽게 자리 잡아요.

접힌 핀턱선의 가장자리에서 약 0.2cm 들어간 부분을 촘촘한 홈질 또는 박음질로 상침해요. 재봉틀을 활용해도 좋아요.

원단 위에 바지 패턴을 올려놓고 핀턱 위치와 패턴을 잘 맞춘 후 재단펜으로 패턴 모양을 따라 그려요.

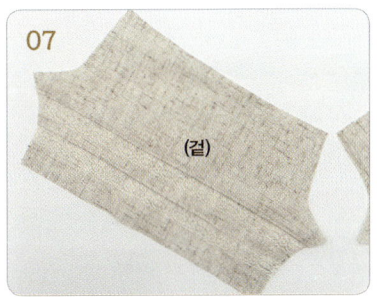

사방 시접 0.5~0.7cm 정도 두고 재단해요. 재단 후 가장자리에 올 풀림 방지액을 발라 두고 충분히 건조시켜요. 사진은 겉면의 모습이에요.

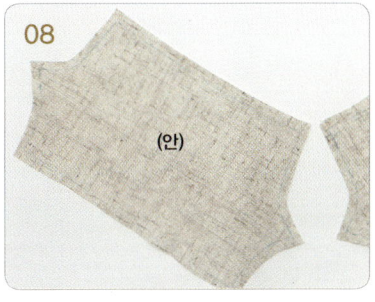

올 풀림 방지액을 바른 후 건조 중인 바지 패턴의 안쪽 면의 모습이에요.

패턴에 표시된 대로 바지 밑단 부분을 주름홈질해서 주름을 잡아요. 재단해둔 프릴 원단의 밑단을 0.3cm씩 2번 말아 접어 단 처리하고, 윗단은 주름홈질한 후 주름 잡은 바지의 밑단 길이와 맞춰요. (약 17.5cm)

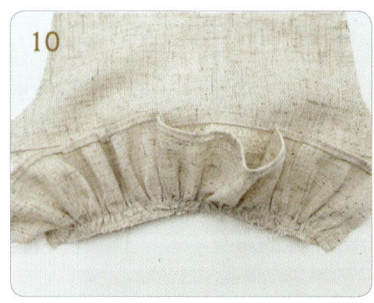

10

주름을 잡은 프릴 원단의 윗단과 핀턱 처리
하여 재단한 바지 패턴의 밑단을 겉끼리 마
주 대고 박음질해서 연결해요.

11

프릴을 연결한 시접을 위로 꺾은 후 연결된
솔기선에서 0.2cm 정도 올라간 위치에 촘촘
한 홈질 또는 박음질로 상침해요. 재봉틀을
활용해도 좋아요.

12

이렇게 2장의 패턴을 모두 동일하게 진행한
후 각 패턴의 겉면끼리 마주 대고 양쪽 밑위
부분을 촘촘히 바느질해요.

13

밑위를 박은 후 밑위 박음선이 중간에 오도
록 패턴의 옆을 접어요. 바지의 가랑이선을
프릴 밑단선까지 촘촘히 홈질 또는 박음질
해요.

14

바지의 허리 시접을 접어서 고무줄이 들어갈
공간을 남긴 후 옷핀이나 도구에 고무줄을
끼워 바지의 허리 공간에 고무줄을 끼워요.
고무줄을 적당히 당기고 고무줄이 빠지지 않
도록 바느질로 단단히 고정해요.

15

겉면이 겉으로 나오도록 뒤집어요. 핀턱을
장식한 레이스 테이프 또는 끈을 리본 모양
으로 접어요. 그런 후 바지의 프릴 연결 부위
및 허리 앞부분에 리본을 진주알이나 비즈
등과 함께 바느질로 고정해요.

16

완성된 잠옷 바지의 뒷모습이에요.

Item 2
잠옷 드레스

앤티크한 레이스 장식이 돋보이는
편안하고 부드러운 촉감의 잠옷 상의 겸 드레스를 만들어봐요.

실물 크기 도안 p.152

재료

- 잠옷 드레스 제작용 부드러운 리넨 원단 110×45cm
- 장식용 토션레이스 50cm
- 장식용 프릴레이스 60cm
- 장식용 실크 리본
- 진주알 약간
- 스냅단추 2개

잠옷 드레스를 이루는 상의 앞판 1장, 상의 뒤판 대칭 1쌍, 소매 2장, 안단 1장, 치마 앞 1장 및 뒤 대칭 1쌍, 프릴 분량 110×8cm 1장을 사방 시접을 두고 재단해요.

사진을 참고하여 상의 앞판과 양쪽 소매에 토션레이스를 부착하여 바느질로 고정해요.

상의 앞판에 토션레이스를 고정한 모습이에요. 좌우 대칭을 잘 맞추면 깔끔해요.

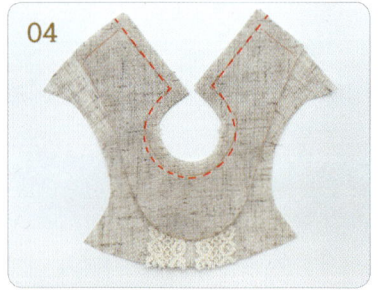

토션레이스를 고정한 앞판의 겉감 위에 안단을 올려둬요. 이때, 각각 패턴의 겉면끼리 마주 보도록 잘 맞춰주세요. 뒤여밈 부분과 목둘레만 촘촘한 홈질이나 박음질해요.

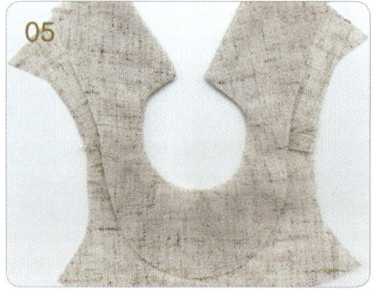

꺾인 시접선 및 곡선 시접선에 가위집을 넣고 모양이 잘 나오도록 뒤집어요. 사진은 안단에 보이는 잠옷 드레스 상의의 안쪽 모습이에요.

상의를 뒤집어 겉이 보이게 놓고, 상의 앞판에 연결될 치마 분량과 상의 뒤판에 연결될 치마 분량 2개의 윗단을 주름홈질해요. 주름이 상의 밑단의 각 연결 부위 길이와 동일하게 되도록 줄이고 실을 매듭지어요.

상의 뒤판의 밑단과 연결될 치마 뒤판의 윗단을 주름홈질하기 전, 미리 여밈 부분(뒤 중심선)의 시접을 접은 후 주름홈질해요.

상의와 치마가 연결되는 부분에 장식용 프릴레이스를 고정해요.

목둘레와 치마 연결선에 장식용 프릴레이스를 꼼꼼하게 고정한 모습이에요.

패턴에 표시된 소매산에 주름홈질한 후 진동둘레 길이와 맞추고 상의와 소매를 연결해요.

소맷단의 고무줄이 들어갈 수 있도록 시접을 접어서 박은 후 접힌 단의 가장자리에 프릴레이스를 바느질로 달아요. 이때 고무줄이 통과할 수 있는 공간이 확보되도록 유의하세요.

옷핀이나 도구를 이용해 고무줄을 소맷단에 끼우고 당긴 후 양 끝을 바느질로 고정하여 고무줄이 빠지지 않도록 해요.

소매 옆선과 치마 양쪽 옆선을 촘촘한 홈질이나 박음질로 연결해요.

재단해둔 프릴 원단의 밑단을 0.3cm씩 2번 말아 접어서 촘촘한 홈질이나 박음질로 단처리해요. 그런 후 윗단을 주름홈질하여 치마 밑단의 전체 길이와 동일하도록 줄이고 겉끼리 마주 대어 연결해요.

치마 밑단에 연결한 프릴단 시접을 위로 향하도록 하고 연결선에서 위쪽으로 0.3cm 올라간 라인을 촘촘하게 상침해요. 이때 재봉틀이 있을 경우 활용해도 좋아요. 실크 리본과 진주알로 상의 앞판을 장식해요.

잠옷 드레스 뒤여밈 공간은 인형의 몸통이 편하게 드나들 수 있도록 해야 해요. 프릴을 포함하여 밑단에서 위쪽으로 약 8cm 정도 박아준 후, 시접은 가름솔로 하고 뒤트임 부분은 시접선을 따라 상침해요.

뒤여밈 부분에 지름 0.5cm 스냅단추를 달아요.

완성한 잠옷 드레스의 앞모습이에요.

Item 3
슬리핑 보닛

자면서 머리가 흐트러지지 않게 해주고 숙면에도 도움을 주는
포근한 슬리핑 보닛을 만들어봐요.

실물 크기 도안 p.156

재 료

• 슬리핑 보닛 제작용 부드러운 리넨 원단 110×45cm 1장
• 폭 0.4cm 고무줄 약간

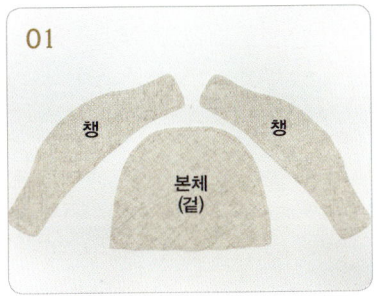

01

슬리핑 보닛의 챙 패턴 2장과 본체 패턴 1장을 시접을 두고 재단해요. 챙 패턴 2장은 겉감과 안감이에요.

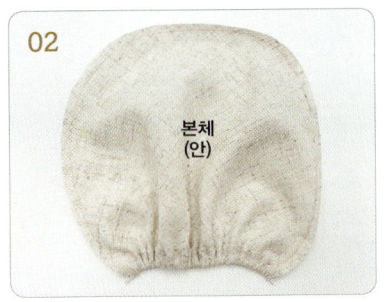

02

본체 패턴 밑단을 접고 고무줄 통로를 박음질로 만들어요. 고무줄을 끼워서 줄어든 길이가 약 10cm 정도가 되도록 한 후, 양 끝을 바느질로 고정하여 고무줄이 빠지지 않도록 해요.

03

고무줄을 끼운 밑단을 제외한 나머지 곡선 부분을 주름홈질해서 챙 패턴에 표시된 연결선의 길이와 동일하도록 줄이고 실을 매듭지어 고정해요.

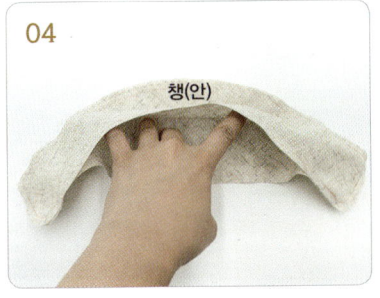

04

재단한 챙의 겉감과 안감을 겉끼리 마주대고 본체 패턴과 연결되는 부위를 제외한 나머지 라인을 촘촘한 홈질이나 박음질해요.

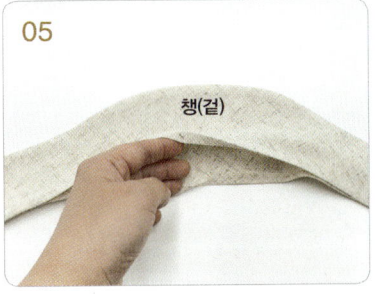

05

겉면이 겉으로 나오도록 뒤집은 후 모양을 잘 잡아서 다리미로 다리면 본체를 연결해야 하는 터진 부분에 자연스럽게 시접이 생겨요.

06

본체 패턴에 있는 주름 가장자리를 챙 패턴의 창구멍 사이에 끼워 넣은 형태가 되도록 시침핀으로 고정하고 이 연결 부분을 한꺼번에 상침해요.

07

완성된 슬리핑 보닛의 옆모습이에요. 턱밑 끈을 추가로 달지 않아도 본체 밑단에 고무줄이 있어서 자연스럽게 인형 머리에 고정되죠. 귀를 덮는 디자인이라 조용히 잠들 수 있어요.

Item 4
필로

좋은 꿈을 꿀 수 있는 푹신하고 부드러운 베개를 만들어봐요.

재료

- 베개 제작용 부드러운 리넨 원단 100×40cm
- 가장자리 장식용 프릴레이스 180cm
- 실크 리본
- 작은 진주알 약간
- 솜 약간

01

45×35cm 크기로 1장 재단해요. 반으로 접
어서 창구멍을 제외한 가장자리를 촘촘한 홈
질이나 박음질해요.

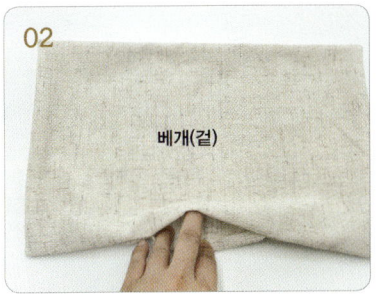

02

창구멍을 통해 뒤집고 모양을 잡아서 다리
미로 살짝 다려요. 그런 후 구름솜이 안에
고루 퍼지도록 잘 채워주세요.

03

가장자리에 프릴레이스를 바느질로 고정하
며 둘러줘요.

04

가운데 부분을 바늘땀으로 꿰매어 배꼽을
만들어준 후, 실크 리본과 진주알로 장식하면
완성이에요.

Daily Dress Set
데일리 드레스 세트

재봉과 마카롱 굽기를 좋아하는 귀여운 아이에게 꼭 어울리는 개더 원피스.
풍성한 허리 주름이 인상적이네요. 그 풍성함의 비밀은 바로 앤티크 이너웨어에 있죠.
직접 만든 레이스 앞치마도 있어요. 이런 공주 옷을 입고 일상생활이 가능할까요?
당연히 가능하죠! 입으면 행복한 기분이 절로 드니 어떤 일도 척척 해낼 수 있을 거예요.

앤티크 드로어즈 + 앤티크 페티코트 + 퍼프소매 데일리 드레스 +
레이스 에이프런 + 니삭스

Item 1
앤티크 드로어즈

화려한 레이스 장식이 돋보이지만 그래도 치마 속에 숨겨 입어야 하는
사랑스러운 앤티크 드로어즈를 만들어봐요.

실물 크기 도안 p.158

재 료

- 앤티크 드로어즈 제작용 베이지 톤 자수레이스 원단 60×25cm 1장
- 드로어즈 밑단 장식용 프릴레이스 60cm
- 폭 0.4cm 고무줄 20cm
- 장식용 레이스 테이프
- 진주알 약간

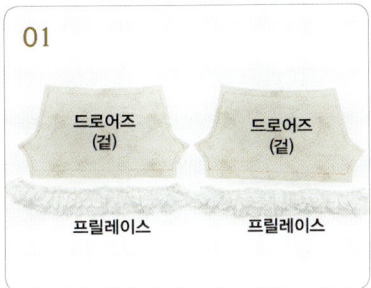

01

자수레이스 원단을 이용해 드로어즈 패턴을 2장 재단해요. 사방에 시접을 두는데 밑단 시접은 1cm를 두세요. 밑단 길이에 넉넉히 맞는 프릴레이스도 준비해요.

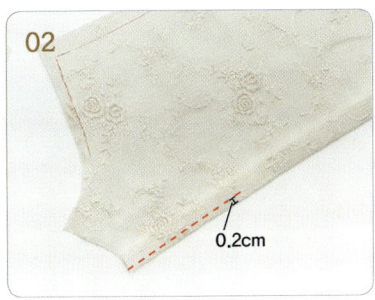

02

드로어즈 밑단 시접을 접어서 가장자리에서 0.2cm 정도 여유를 두고 촘촘하게 홈질해요.

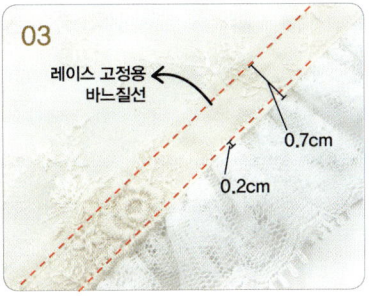

03

레이스 고정용 바느질선

0.7cm

0.2cm

프릴레이스를 겉감 쪽에서 드로어즈 밑단에 대고, 드로어즈 밑단 가장자리에서 0.7cm 여유를 두고 촘촘히 홈질해서 레이스를 고정해요.

04

밑단에 장식레이스를 연결한 드로어즈 패턴의 모습이에요.

05

패턴 2장을 겉면끼리 마주 닿도록 겹쳐서 양 옆 밑위인 곡선 부분을 촘촘히 바느질해요.

06

드로어즈 밑단에서 0.2cm와 0.7cm 간격을 두고 바느질해서 생긴 약 0.5cm의 통로에 고무줄끼우개나 옷핀을 활용해 고무줄을 끼워요. 고무줄이 빠지지 않도록 양옆을 바느질로 고정해요.

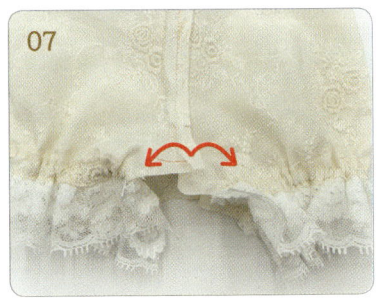

07

밑위를 꿰맨 시접은 가름솔로 처리해요.

08

드로어즈의 가랑이 부분을 촘촘하게 바느질해 연결해요. 이때 레이스도 꼼꼼하게 바느질해요.

09

드로어즈 허리 부분의 시접을 1cm 정도 접은 후 가장자리에서 0.5cm 정도 여유를 두고 촘촘히 홈질해서 고무줄이 들어갈 수 있는 통로를 만들어요. 바느질의 시작과 끝부분에 약 0.7cm의 고무줄 출입구를 남겨둬요.

10 옷핀이나 도구를 이용해 통로에 고무줄을 넣은 후 적당히 당겨 고무줄이 빠지지 않도록 바느질로 고정한 모습이에요.

11 레이스 테이프로 리본을 예쁘게 접어서 허리 앞쪽 부분에 진주알과 함께 바느질로 고정해서 장식해요.

앤티크 페티코트

앤티크한 프릴레이스와 레이스 테이프가 어우러진 티어드 스타일의
화려한 페티코트를 만들어봐요.

재료

- 앤티크 페티코트 제작용 베이지 톤 자수레이스 원단 100×15cm 1장
- 페티코트 밑단 장식용 프릴레이스 150cm
- 장식용 폭 3cm 케미컬레이스 테이프 100cm
- 폭 0.4cm 고무줄 20cm
- 장식용 폭 1.5cm 레이스 테이프 70cm
- 진주알 3알

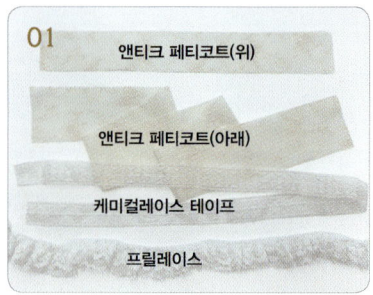

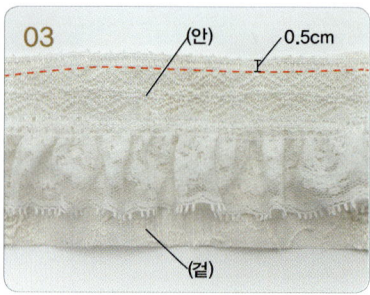

자수레이스 원단으로 시접을 포함한 크기인 40×5.5cm 1장, 100×7cm 1장을 재단해요. 장식용으로 폭 3cm의 케미컬레이스 테이프 100cm와 프릴레이스 약 150cm도 준비하세요.

케미컬레이스 테이프 밑단에 프릴레이스를 연결해요. 남은 프릴레이스는 추가로 장식할 때 활용할 예정이에요.

100×7cm 자수레이스 원단의 윗단 겉면과 프릴레이스를 연결한 케미컬레이스 테이프의 겉면을 마주 대고 시접 0.5cm 두고 촘촘히 바느질해요.

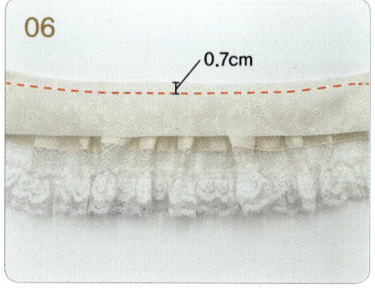

시접을 자수레이스 원단 쪽으로 꺾고, 겉면 솔기선에서 약 0.2cm 올라간 위치에서 촘촘히 상침해요.

레이스를 연결한 자수레이스 원단의 윗단을 주름홈질해서 길이 40cm가 되도록 줄여요. 주름 분량이 고르게 되도록 잘 매만져주고 다리미로 주름 부분을 살짝 다리면, 주름 형태가 잘 고정될 수 있어요.

윗단을 주름 잡은 자수레이스 원단 겉면 위에 40×5.5cm 패턴을 올려두고, 겉끼리 마주 닿게 하여 시접을 0.7cm 두고 윗단을 연결해요.

시접이 위쪽으로 가도록 하고 솔기선에서 약 0.2cm 올라간 위치에 촘촘히 상침해요.

2개의 페티코트 패턴 연결선 위에 남은 프릴레이스를 올려두고, 바느질로 고정하여 장식해요.

프릴레이스를 다 고정하면 양쪽으로 남은 분량을 깔끔하게 잘라내요.

제작한 페티코트의 패턴을 반으로 접어서 옆선을 박은 후, 시접을 가름솔 처리해요. 이 바느질선이 치마의 뒤 중심선이 돼요.

겉면이 겉으로 나오도록 뒤집은 후 고무줄을 넣은 페티코트의 앞모습이에요.

장식용 레이스 테이프로 리본을 접어서 허리 앞부분과 앞판 양쪽에 진주알과 함께 고정하여 장식하면 완성이에요.

Item 3
퍼프소매 데일리 드레스

마카롱 패턴으로 화려하면서도 사랑스러운
소녀풍 기본 드레스를 만들어봐요.

실물 크기 도안 p.158

재 료

- 드레스 제작용 원단 110×25cm
- 상의 안감 제작용 원단 25×12cm
- 장식용 프릴레이스 130cm
- 폭 0.4cm 고무줄 20cm
- 스냅단추 2개

상의 겉감(앞판 1장, 뒤판 2장, 소매 2장), 상의 안감(앞판 1장, 뒤판 2장), 그리고 치마 패턴을 재단해요. 이때 상의 각 패턴은 시접의 여유를 두고, 치마는 시접을 포함해 110×13.5cm 1장 재단해요.

상의 앞판 겉감에 장식용 레이스를 세로 2줄로 미리 바느질해 달아요. 그래야 나중에 옷을 완성했을 때 솔기 부분이 깔끔해요.

레이스 장식을 달아준 상의 앞판 겉감과 상의 뒤판 겉감을 각각 어깨선 연결하고, 시접은 가름솔 처리해요.

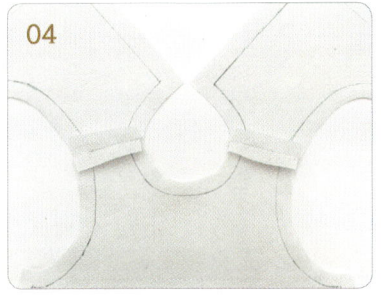

안감의 앞판과 뒤판의 어깨선을 연결한 후, 시접은 가름솔로 처리해요.

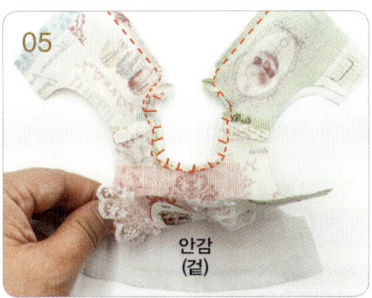

상의 겉감과 상의 안감을 겉끼리 마주 대고 모양을 잘 맞춘 후, 뒤여밈 부분과 목둘레 부분만 촘촘히 바느질해요. 그리고 각진 시접 부분이나 목둘레처럼 곡선 시접 부분에는 가위집을 넣어요.

겉감이 겉으로 나오도록 잘 뒤집어서 모양을 잡고 다림질해요(이때 장식한 레이스가 고온의 다리미 열로 손상되지 않도록 조심하세요. 안감이 연결된 상의의 가장자리를 감침질 처리하여 올 풀림을 방지해요.

소매 패턴에 표시된 소매산의 주름홈질 부분을 주름 잡아요. 그리고 상의 진동둘레와 동일한 길이로 줄인 후, 상의과 소매의 겉끼리 마주 대고 바느질로 연결해요.

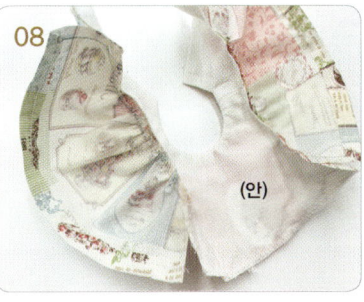

소매가 연결된 상태의 상의 안쪽 모습이에요.

소맷단 시접을 접어서 고무줄이 들어갈 공간을 남기고 촘촘히 박은 후, 구멍에 고무줄을 넣고 고무줄이 빠지지 않도록 양 끝에서 바느질로 고정해유.

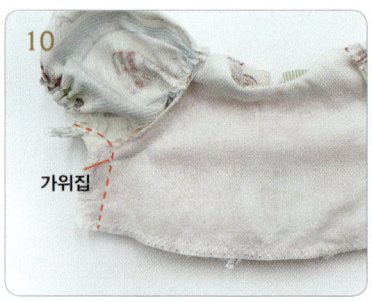

안감이 겉으로 나오도록 한 후 모양을 잘 맞춰서 소매 옆선과 상의 허리 옆선을 촘촘하게 바느질해요.

옆선을 연결하고 겉면이 겉으로 나오도록 뒤집은 드레스 상의 모습이에요.

재단해둔 치마 원단의 밑단 부분에 프릴레이스를 대고 바느질로 고정해요. 레이스 위치는 취향대로 해요.

치마의 양옆 시접을 약 1.5cm 정도 접은 채 윗단을 주름홈질한 모습이에요. 반드시 먼저 치마의 양옆 시접을 접은 후 주름홈질을 해요. 줄여진 길이는 약 25cm예요.

상의의 허리 부분과 주름을 잡은 치마의 겉끼리 마주 대고 시침핀으로 고정해요. 고정하기 전에 미리 치마의 주름 분량이 고루 퍼지도록 손으로 잘 매만진 후, 다리미로 주름 부분만 다리면 주름이 쉽게 움직이지 않아요.

치마 양옆 시접을 미리 접은 후 주름을 잡아 허리에 고정했을 때의 치마 양옆 시접 모습이에요.

상의와 치마가 연결되었어요. 자연스럽게 시접이 상의 쪽으로 꺾여 있어요.

상의와 치마가 연결된 안쪽 상태로, 아직 치마 밑단의 시접 처리를 하지 않았어요.

상의와 치마가 연결된 겉면의 모습이에요.

치마의 밑단에서 위로 7cm만 바느질로 연결하고 나머지는 트임을 해야 옷을 갈아입힐 때 수월해요. 치마 시접은 가름솔로 처리해 줘요.

치마 밑단 시접 처리는 0.3cm씩 2번 말아 접어서 고운홈질이나 박음질해요. 시접 처리를 마지막에 하는 이유는 그래야 밑단의 단 처리를 치마 뒤 중심 시접과 상관없이 깔끔하게 할 수 있기 때문이에요.

상의 뒷덜미 부분과 허리 부분에 스냅단추를 달아서 여밈이 되도록 해요.

드로어즈와 페티코트 위에 드레스를 입힌 모습이에요.

Item 4
레이스 에이프런

하늘하늘 비치는 레이스 원단으로
주름이 풍성한 에이프런을 만들어봐요.

재 료
- 앞치마 제작용 폭 12~15cm 정도의 스캘럽 가공 케미컬레이스 원단 90~100cm
- 장식용 프릴레이스 30cm
- 흰색 무지 원단 80×5cm

01

앞치마용 케미컬레이스 원단을 준비해요. 가로 길이는 90~100cm, 세로 폭은 10cm 정도가 되도록 재단해요. 사진과 같은 레이스 윗단의 물결 모양은 가위로 만들어요.

02

양옆의 가장자리에 프릴레이스를 대고 바느질로 박아서 장식해줘요.

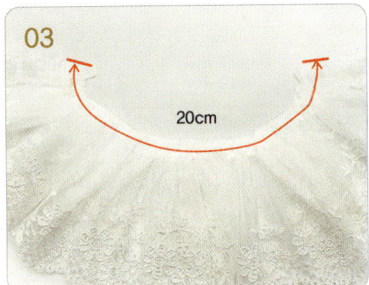

03

앞치마 레이스 원단의 윗단을 주름홈질하고 잡아당겨서 길이 20cm 정도가 되도록 줄인 후 실을 매듭지어요.

04

앞치마 허리끈 제작용 원단으로 80×5cm 정도의 긴 패턴을 재단해서 사진과 같이 허리 주름을 잡은 앞치마 겉감의 윗단 위에 올려둬요.

05

시접을 약 1cm 두고 앞치마의 주름 잡힌 허리 부분과 앞치마 끈 패턴을 튼튼하게 바느질해요.

06

양옆으로 길게 늘어뜨린 앞치마 끈 부분만 시접선대로 바느질해요.

07

겸자 등의 도구를 이용해 양쪽 끈을 뒤집어서 모양을 잡아 다림질한 모습이에요. 아직 연결되지 않은 앞치마 허리끈 안쪽 부분의 시접을 안으로 접어 넣은 후 앞치마 주름을 감싸서 감침질이나 공그르기를 해요.

08

촘촘한 바느질로 앞치마 허리끈 안쪽을 시접 처리한 모습이에요.

09

앞치마를 완성했어요.

Item 5
니삭스

환형 붕대를 활용해 초간단 니삭스를 만들어봐요.

재료
- 폭 1.5~2cm 정도의 환형 붕대 약 50cm

01

니삭스 제작용 폭 1.5cm 환형 붕대를 약 22cm 길이로 2개 준비해요.

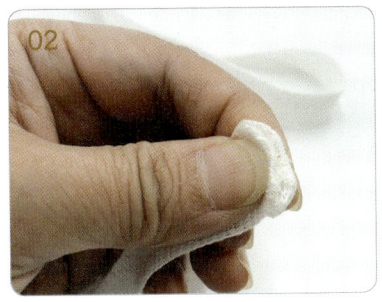

02

올이 잘 풀리는 붕대이므로 한쪽 끝의 시접을 약 0.5cm 정도 안으로 밀어 넣어요. 이때 바늘을 이용하면 쉽게 집어넣을 수 있어요.

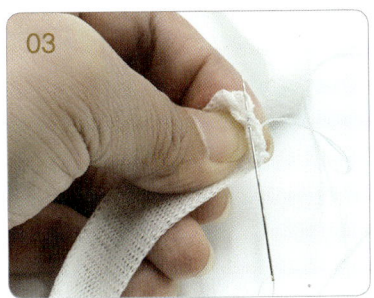

03

시접을 안으로 접어 넣은 붕대의 끝을 공그르기로 촘촘히 튼튼하게 바느질해요.

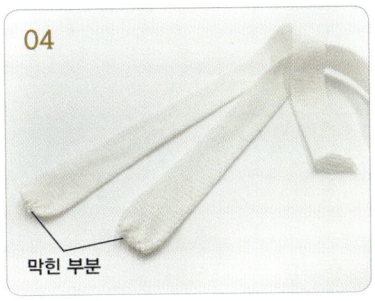

04

막힌 부분

바느질로 한쪽이 막힌 니삭스의 모습이에요. 다른 한쪽은 그대로 터져 있어요.

05

니삭스를 손가락으로 과감하게 벌려 늘린 후 인형의 발에 신겨주세요. 붕대의 탄성으로 인해 자연스러운 피트감이 생기면서 바느질선 없는 니삭스가 돼요. 니삭스의 목 부분은 돌돌 말아서 자연스럽게 두세요.

Nut Stitches
on the Yoke

핀턱 요크 자수 세트

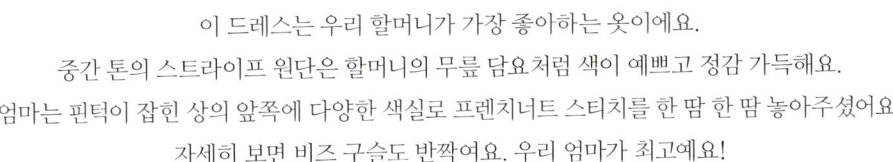

이 드레스는 우리 할머니가 가장 좋아하는 옷이에요.

중간 톤의 스트라이프 원단은 할머니의 무릎 담요처럼 색이 예쁘고 정감 가득해요.

엄마는 핀턱이 잡힌 상의 앞쪽에 다양한 색실로 프렌치너트 스티치를 한 땀 한 땀 놓아주셨어요.

자세히 보면 비즈 구슬도 반짝여요. 우리 엄마가 최고예요!

핀턱 자수 드레스 + 리본 머리핀

Item 1
핀턱 자수 드레스

단정하게 핀턱이 잡힌
요크 상의 형태의 원피스 드레스를 만들어봐요.

실물 크기 도안 p.160

재료

- 상의 제작용 백아이보리 원단 110×25cm
- 치마 제작용 스트라이프 선염 원단 90×25cm
- 치마 밑단 장식용 자가드 리본 테이프 90cm
- 상의 장식용 프릴레이스 50cm
- 폭 0.4cm 고무줄 20cm
- 다양한 색깔의 프랑스 자수실
- 비즈 구슬 약간
- 스냅단추 2개

01

상의 요크 앞판 겉감을 위해 18×20cm 정도 넉넉하게 재단한 직사각형 원단에 핀턱을 접은 후 상침해요.

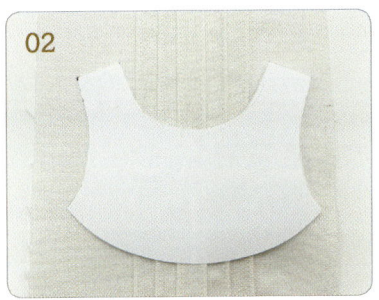

02

핀턱의 위치가 좌우 대칭으로 자리 잡도록 상의 요크 앞판 패턴을 핀턱 원단 안쪽 위에 올려두세요.

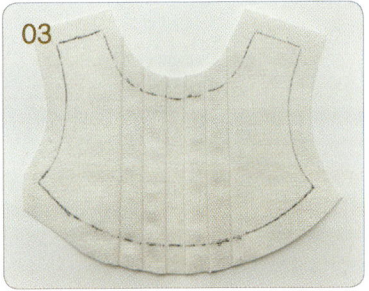

03

재단펜으로 상의 요크 앞판 패턴을 핀턱 원단 안쪽에서 그린 후 시접을 두고 재단한 모습이에요.

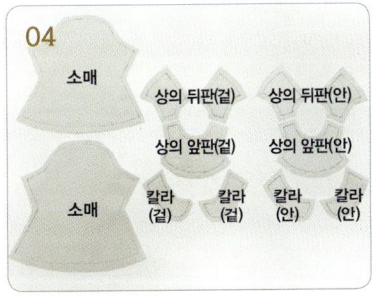

04

소매 패턴 2장, 상의 요크 앞뒤판 겉감 1쌍, 상의 요크 앞뒤판 안감 1쌍, 칼라 겉감 1쌍, 칼라 안감 1쌍을 시접을 두고 재단해요.

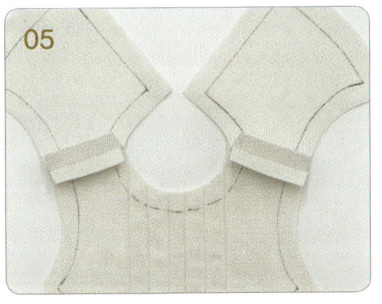

05

상의 요크 앞판과 뒤판의 어깨선을 박아서 시접을 가름솔 처리해요.

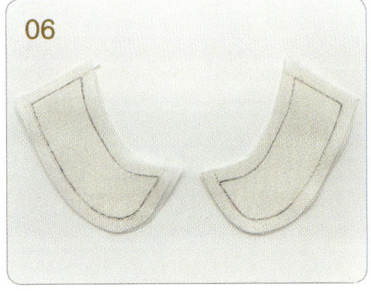

06

좌우 칼라의 겉감과 안감을 겉끼리 마주 댄 후 목둘레 위치인 창구멍을 제외하고 촘촘하게 바느질해요.

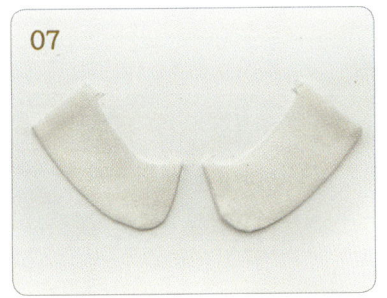

07

곡선 시접 및 꺾인 시접선에 가위집을 넣고 창구멍을 통해 뒤집어서 예쁘게 다림질해요.

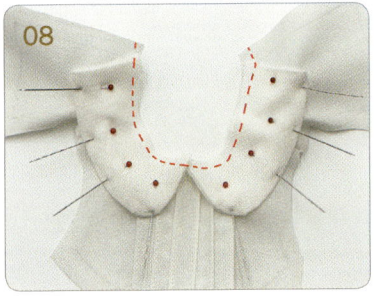

08

상의 요크 겉감의 겉면 위에 좌우 칼라의 겉면이 위로 올라오도록 시침핀으로 고정해요. 이때 앞 목의 중심 시접 부위에서 칼라의 양 끝이 살짝 겹치도록 한 후, 목둘레 시접 부위에서 간단한 시침질로 칼라를 고정해줘요.

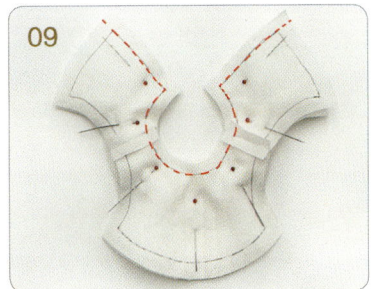

09

칼라를 시침핀으로 고정한 상의 요크 겉감과 미리 어깨선을 연결해둔 상의 요크 안감을 겉면끼리 마주 닿도록 모양을 잘 맞춰서 시침핀으로 고정한 후 뒤여밈과 목둘레선을 촘촘하게 바느질해요.

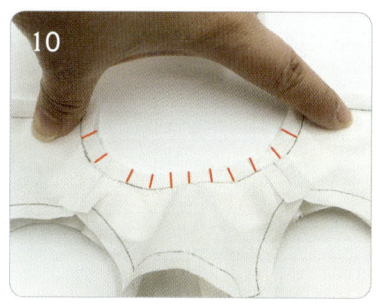

목둘레 곡선 시접과 꺾인 시접에 가위집을 넣어준 모습이에요. 가위집을 넣지 않으면 뒤집었을 때 모양이 뒤틀릴 수 있어요.

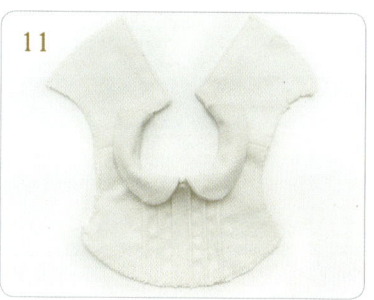

칼라가 달린 겉감의 겉이 바깥으로 나오도록 뒤집어서 모양을 잘 잡아요. 모든 가장자리를 감칠질 또는 재봉틀을 이용한 지그재그 스티치로 시접 처리하고 다림질해요.

치마의 앞뒤 패턴을 재단한 모습이에요. 물론 시접의 여유를 두고 재단해야 하고 뒤판은 좌우 대칭이 되어야 해요.

치마의 앞판과 뒤판의 윗단을 상의 요크의 앞판과 뒤판의 밑단 길이에 맞춰 주름홈질해요.

주름을 잡은 치마의 앞판과 뒤판을 각각 상의 요크 앞판과 뒤판에 연결해요. 시접은 상의 요크 쪽으로 꺾이도록 해요.

패턴에 표시된 소매산의 선에 주름홈질을 하여 진동둘레와 길이가 같도록 맞춘 후, 치마가 달린 상의 요크와 소매를 연결해요. 이 때 진동둘레는 치마 패턴의 연장 패턴까지임을 유의하세요.

소매 끝단의 시접을 접어서 고무줄이 들어갈 만큼 공간을 두고 상침한 후 고무줄을 넣어요. 양 끝 고무줄을 당기고 빠지지 않도록 바느질로 고정해줘요.

소매 옆선과 허리 옆선을 바느질해서 연결해요. 아직 뒤여밈 부분은 연결하지 않고 남겨두고, 치마 밑단 역시 시접 처리하지 않고 그대로 두도록 해요.

소매가 달린 드레스의 겉면을 펼친 모습이에요.

19
자가드 리본 테이프를 밑단에서 일정 간격을 유지하며 둘러줘요. 리본 테이프의 윗단과 밑단을 모두 바느질해 치마 원단에 울지 않고 딱 붙도록 고정한 후 다림질해요.

20
뒤여밈 부분을 연결할 때는 밑단에서 위쪽으로 8cm 정도만 바느질하고 나머지는 그대로 두어야 탈착이 편해요. 트임 상태로 남은 부분은 가장자리를 고운홈질 또는 박음질로 상침하면 깔끔해져요.

치맛단의 시접을 0.3cm씩 2번 접어서 고운 홈질이나 박음질로 단 처리해요.

22
프랑스 자수실을 이용해 각자 취향에 맞게 상의 앞판 요크 및 칼라 등에 자수로 장식을 넣어요. 실의 색깔은 치마 원단에 있는 색을 사용하거나 비슷한 색감으로 맞춰주면 잘 어울려요.

23
프릴레이스를 요크의 뒷부분부터 바느질로 고정해요. 이때 레이스의 끝을 드레스 안쪽으로 1cm 정도 접혀 들어가게 하면 겉이 깔끔해 보여요.

24
레이스가 어깨선과 요크 앞쪽 밑단을 거쳐 다른 한쪽 어깨선을 지나가도록 고정해주는 과정이에요.

25
남은 뒤판의 요크선에도 레이스를 고정해줘요. 시작할 때와 같이 레이스를 약 1cm 여유를 두고 잘라낸 후 안쪽으로 접어 넣어 바느질로 고정해요.

26
요크에 자수를 수놓고 레이스와 리본 등으로 장식한 멋진 드레스가 완성되었어요.

27
인형에 앤티크 드로어즈와 앤티크 페티코트를 함께 코디해서 입힌 모습이에요. 드레스가 한층 풍성하고 고급스러워졌어요.

Item 2
리본 머리핀

치마와 동일한 원단으로
리본 모양의 머리핀을 만들어봐요.

재료

- 머리핀 제작용 원단 35×12cm
- 장식용 자가드 리본 32cm
- 머리핀 부자재 1개

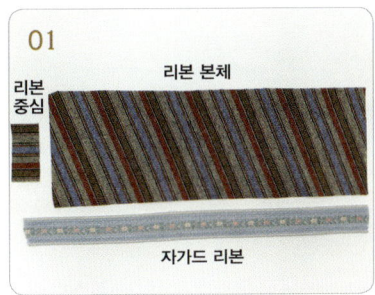

리본 머리핀을 만들기 위해 재단해요. 치마 원단과 같은 원단으로 31×11.5cm 1장, 3×4cm 1장, 치마 밑단을 장식했던 자가드 리본을 약 32cm 길이로 준비해요.

재단한 리본 원단의 가로선 중심 위치에 자가드 리본을 올려놓고, 리본의 가장자리를 바느질해서 원단과 잘 고정해요.

자가드 리본이 고정된 원단의 윗단과 밑단을 겉끼리 마주 닿도록 접어서 시접을 약 0.5cm 두고 촘촘히 바느질해요.

뒤집어서 리본 위치가 사진처럼 중심에 잘 놓이도록 다림질해요.

양 끝을 중심에서 0.5cm 정도 겹치도록 접어줘요.

양 끝부분이 겹치는 중심의 두꺼운 부분을 2~4땀 정도로 간단히 홈질하여 잡아당겨요. 바늘땀이 필요 이상으로 많으면 리본 모양이 둔하게 나와요.

3×4cm 크기로 재단한 원단을 양쪽 시접 0.8cm 정도씩 접어서 3겹이 되도록 하여 다림질해요.

작은 패턴으로 리본 중심을 감싸서 리본 뒤쪽에서 감침질로 단단히 고정하세요.

리본 중심을 감싸고 감침질한 위치에 머리핀 부자재를 바느질로 고정하면 완성이에요.

Anne's Dress with Floral Decorated Hat

빨강 머리 앤의 부푼 소매 드레스와 꽃 장식 챙모자

"뭐라고요? 앤이 들꽃으로 장식한 모자를 쓰고 예배를 드렸다고요?"
말도 안 된다는 표정으로 린드 부인과 마릴라 아주머니는 한숨을 쉬었어요.
상상력이 풍부한 앤의 멋진 꽃 장식 모자는 오늘도 에이번리를 들썩었어요.
사랑스러운 앤의 수다에 근래 들어 부쩍 행복해진 매튜 아저씨는 읍내에서
멋진 부푼 소매 드레스를 맞춰와 앤을 기절할 정도로 행복하게 해주셨지요.
"숨을 쉴 수가 없어요! 부푼 소매 드레스라니!" 앤의 심장은 하늘로 날아올랐어요.

슬립 드레스 + 부푼 소매 드레스 + 꽃 장식 챙모자

슬립 드레스

마릴라 아주머니의 정갈하고 단정한 취향이 반영된
그 시대 소녀들의 필수 이너웨어, 슬립 드레스를 만들어봐요.

실물 크기 도안 p.163

재 료
- 드레스 제작용 원단 110×30cm 1장
- 스냅단추 2개

슬립 상의 앞판 겉감 1장, 뒤판 겉감 대칭으로 1쌍, 슬립 상의 앞판 안감 1장, 뒤판 안감 대칭으로 1쌍 재단해요. 치마는 시접 포함 100×16cm 크기로 1장 재단하세요.

치마 원단의 밑단에서 2.5cm 올라간 위치에 폭 0.4cm의 핀턱을 잡아줘요. 그 핀턱선에서 다시 1cm 정도 더 올라간 곳에 폭 0.4cm의 핀턱을 잡아요. 맨 밑단은 아직 단 처리를 하지 않아요.

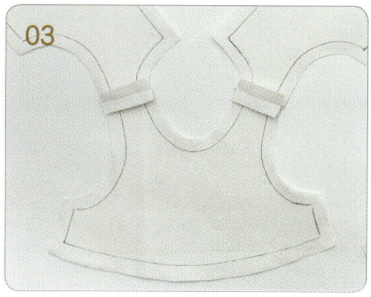

슬립 상의의 겉감과 안감 모두 어깨선을 연결해요.

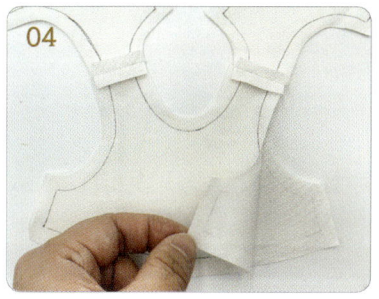

어깨선을 연결한 슬립 상의 겉감과 안감을 겉면끼리 마주 닿도록 모양을 잘 맞춰줘요.

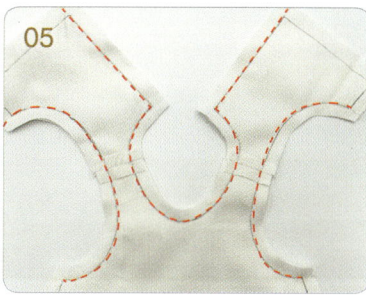

겉감과 안감이 겹쳐진 슬립 상의 2겹의 뒤여밈선과 목둘레선을 촘촘하게 바느질해 연결해요. 진동둘레 역시 바느질해 연결하되, 시접 분량도 모두 다 촘촘하게 함께 꿰매요.

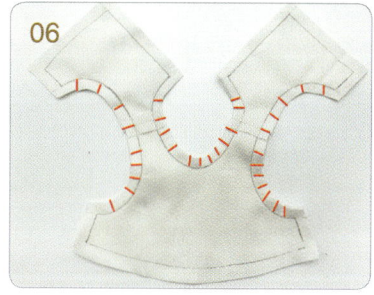

바느질로 연결한 목둘레선과 진동둘레선의 곡선 시접선에 가위집을 넣어줘요. 이때 바느질선에 너무 가까이 가위집을 넣으면 나중에 뒤집을 때 터질 수 있으니 가위집이 지나치게 바느질선 가까이 가지 않도록 해요.

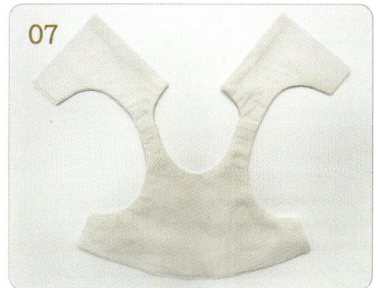

겉감과 안감의 겉면이 겉으로 나오도록 겸자 등의 도구를 이용해 뒤집어줘요. 이때 뒤판이 어깨선을 통과하기가 약간 빡빡할 수 있으니 미리 목둘레선과 진동둘레의 시접을 살짝 잘라낸 후 뒤집으면 한결 수월해요.

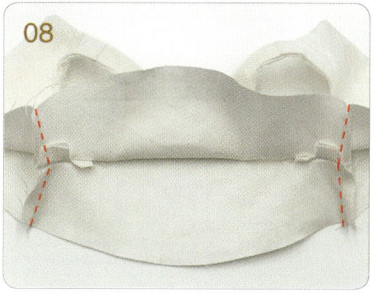

뒤집은 상태에서 겉감의 허리 옆선을 겉감 앞판과 뒤판의 겉면끼리 연결해요. 안감의 허리 옆선은 안감 앞판과 뒤판의 겉면끼리 연결하세요.

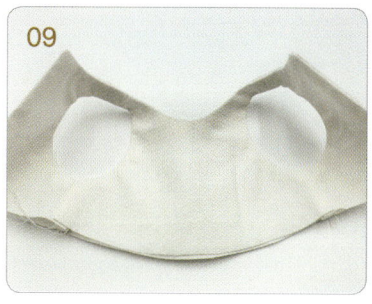

겉감과 안감의 허리 옆선을 모두 연결하고 시접을 가름솔로 처리한 후, 모양을 잘 잡아 다림질한 모습이에요.

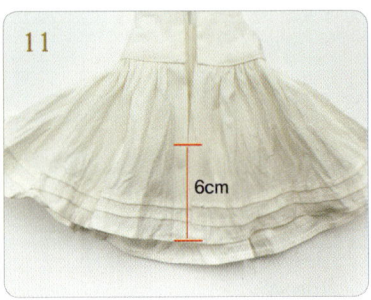

6cm

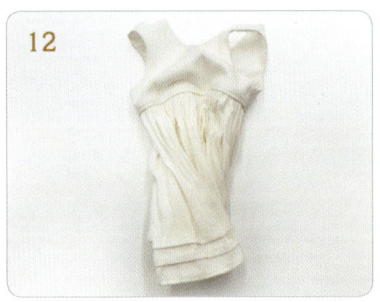

치마 양옆 시접을 1cm 접고 다림질해요. 이렇게 양옆 시접이 접힌 상태에서 윗단 시접을 0.7cm 두고 주름홈질한 후 허리선의 길이와 맞춰서 상의와 연결해요. 시접을 상의 쪽으로 꺾고 허리 연결 부위를 상침하면 깔끔해요.

치마 뒤 중심선을 밑단 가장자리에서 6cm 분량만 연결한 후 시접을 가름솔 처리해요. 밑단을 0.3cm씩 2번 말아 접어서 홈질하거나 재봉틀로 박아 단 처리하세요.

분무기로 물을 뿌려 빨래를 짜듯 비틀어 짠후, 스팀다리미의 스팀을 좀 가하여 탈탈 털어주고 그대로 구깃구깃한 상태에서 건조시켜요.

빈티지하고 구깃한 주름이 자잘하게 잡힌 이너웨어 슬립 드레스가 완성되었어요.

인형이 착장한 모습이에요.

부푼 소매 드레스

앤의 간절한 소원은 다른 소녀들처럼 한창 유행하는 부푼 소매 드레스를 입어보는 거예요.
이 소매의 정식 명칭은 레그오브머튼(leg-of-mutton)이죠.
멋진 소매가 달린 새 드레스를 앤처럼 설레는 마음으로 만들어봐요.

실물 크기 도안 p.164

재료

- 드레스 제작용 원단 110×25cm 1장
- 폭 1cm 정도의 장식용 토션레이스 40cm
- 목둘레 장식용 자바라레이스 약 15cm
- 장식용 카메오 1개
- 진주알 약 10알
- 스냅단추 2개

상의 앞판 겉감 1장, 뒤판 겉감 대칭 1쌍, 상의 앞판 안감 1장, 뒤판 안감 대칭 1쌍, 퍼프소매 2장, 그리고 팔소매는 핀턱 분량을 감안해 넉넉하게 1장 준비해요. 치마는 시접 포함 크기로 110×13.5cm 1장 재단해요.

팔소매의 핀턱선이 동일해야 하니 한꺼번에 처리하기 위해서 2개의 분량을 넉넉하게 1장으로 재단해요. 패턴에 표시된 선대로 촘촘하게 핀턱을 잡고 잘 다림질해요. 그 위에 팔소매 패턴을 올린 후 시접을 두고 재단해요.

상의 겉면 앞 중심에 토션레이스를 덧대고 바느질로 고정한 후, 양어깨선에서 뒤판을 각각 연결해요.

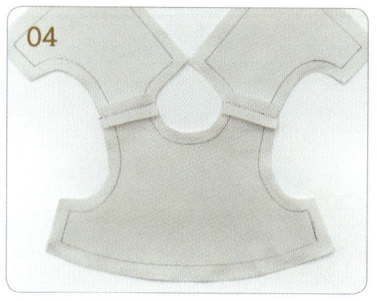

상의 안감 또한 겉감과 마찬가지로 양어깨선에서 뒤판과 연결해요.

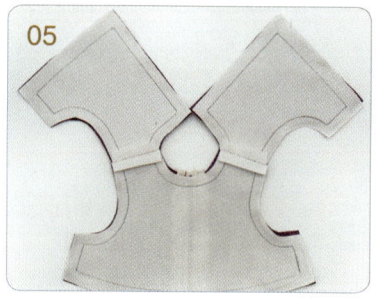

상의 겉감과 상의 안감의 겉면끼리 마주 닿도록 모양을 잘 맞춰 겹쳐줘요.

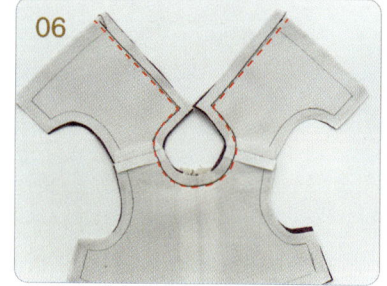

상의 뒤여밈선과 목둘레선을 촘촘하게 바느질해요.

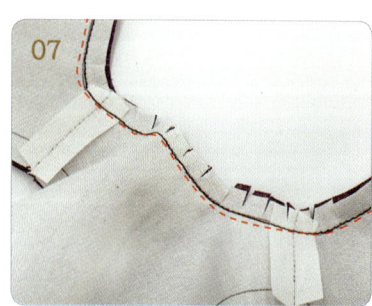

목둘레선에 가위집을 넣어주고 꺾인 시접선도 잘 정리하여 겉면이 겉으로 나오도록 뒤집어서 바느질해요.

핀턱을 잡은 원단으로 재단한 팔소매 밑단 시접을 0.5cm 정도 겉쪽으로 접어 다림질해요. 사진은 준비된 토션레이스로 소매 밑단을 장식하려는 모습이에요.

소매의 밑단 시접을 겉쪽으로 꺾고 그 위에 토션레이스를 덮어서 바느질로 고정해요. 이렇게 하면 시접이 안팎으로 노출되지 않아서 마감이 한층 깔끔하고 고급스러워지겠죠.

10

재단해둔 퍼프소매 밑단을 패턴에 표시된 분량만큼 주름홈질하고 실을 당겨서 팔소매 윗단의 길이와 동일하도록 맞춰요.

11

퍼프소매 밑단과 팔소매 윗단을 겉면끼리 마주 대고 바느질하세요. 시접은 팔소매 쪽으로 꺾어 내린 후 솔기에서 약 0.2cm 간격으로 촘촘히 상침하면 깔끔해요.

12

안감 처리를 해둔 상의의 진동둘레와 퍼프소매를 연결하려는 모습이에요. 이때 안감 처리를 해둔 상의의 허리선 및 진동둘레는 감침질 또는 재봉틀의 지그재그 스티치 등으로 오버로크 처리 효과를 낼 수 있어요.

13

패턴에 표시된 퍼프소매의 주름홈질선을 촘촘히 홈질한 후 실을 당겨 주름을 잡아요. 진동둘레와 같은 길이가 되도록 맞추고 겉면끼리 마주 닿게 한 채 촘촘히 바느질해 연결해요.

14

소매가 연결된 상의 안감 쪽 모습이에요.

15

소매가 연결된 시접을 소매 쪽으로 꺾이게 해줘요. 겨드랑이 부분에 가위집을 살짝 넣어주면 뒤집었을 때 상의 모양이 뒤틀리지 않아요.

16

겉면이 겉으로 나오도록 뒤집고 모양을 잘 잡은 후 목둘레에 자바라레이스를 바느질로 고정하세요.

17

밑단 처리를 하지 않은 치마의 양옆을 1cm 정도 먼저 접은 상태에서 윗단을 주름홈질해요. 상의 허리선 길이와 같도록 줄여서 주름을 잡은 후, 주름의 분량이 고루 퍼지도록 잘 매만져요.

18

상의와 치마를 연결한 모습이에요. 사진에 그려진 실선처럼 허리 연결 부위에서 0.2cm 정도 상의 쪽으로 옮겨간 부위에 촘촘히 바느질하거나 재봉틀로 상침하면 깔끔해요. 상침할 경우 원단과 같은 색깔의 실을 사용하세요.

갈아입히기 편하도록 치마 밑단에서 약 5cm 부위만 촘촘하게 박고 뒤 중심선을 연결한 후 시접은 가름솔 처리해요. 치마 밑단을 0.3cm씩 2번 접어서 같은 색깔의 실로 고운 홈질하거나 재봉틀로 단 처리해요.

상의와 치마를 연결한 후, 뒤 중심을 박아준 의상의 뒷모습이에요. 이때 상의 뒤트임 목 부분과 허리 부분에 스냅단추를 각각 달아주면 좋아요.

상의와 치마를 연결하고 뒤 중심을 박아준 의상의 앞모습이에요.

치마에 습기를 가하여 비틀어 짠 형태로 말린 후 탈탈 털은 모습이에요. (취향상 구깃구깃함이 싫은 분들은 넘어가도 되는 과정이에요.) 카메오와 손목 진주단추를 사진처럼 달아줘요.

인형이 드레스를 입은 모습이에요. 슬립 드레스로 레이어드한 느낌이 나서 더욱 사랑스럽고 고급스러워요.

Plus Item 꽃 장식 챙모자

교회에 가던 어느 일요일,
앤은 동네 어귀에서 발견한 예쁜 들꽃으로 자신의 모자를 장식했어요.
에이번리 사람들의 시선을 사로잡은 그 모자를 앤의 마음으로 만들어봐요.

재 료
- 모자 프레임
- 다양한 조화
- 글루건

How to Make

인형 머리에 알맞은 크기의 모자 프레임을
비롯해 드레스 색깔에 어울리거나 취향에 맞
는 다양한 조화를 준비해요.

꽃송이 밑부분의 꽃대 길이가 1.5~2cm 정
도 되도록 다 잘라낸 후, 글루건을 이용해
모자 프레임에서 챙이 시작되는 모서리 부
분에 꽃들을 적절하게 배열하고 접착해요.
아주 간단한 방법이에요.

드레스와도 잘 어울리고 다른 색깔들과도
보색처럼 어우러져서 자유분방하고 상상력
풍부한 앤의 취향이 잘 표현된 꽃 장식 챙모
자가 완성되었어요. 드레스와도 잘 어울리
네요.

인형이 모자를 착용한 모습이에요.

Little Princess' Victorian Dress Set

소공녀의 빅토리안 드레스 세트

"너희 아빠는 전쟁터에서 돌아가셨다. 너는 이제 우리 학교의 최고 학생이 아니야.
밥이라도 얻어먹으려면 어서 그 공주 옷부터 벗고 베키처럼 청소하고 설거지도 해!"
민친 교장의 날벼락 같은 말에 세라는 눈물조차 나오지 않았어요.
세라가 전쟁터로 떠날 아빠와 함께 이 기숙학교에 방문했을 때 입고 왔던
추억의 빅토리안 드레스….
세라는 돌아가신 엄마의 고향인 파리에서 사 온 이 드레스를 볼 때마다
아빠 생각이 날 것 같습니다.

소공녀의 빅토리안 드레스 +
소공녀의 케이프 + 소공녀의 보닛

Item 1
소공녀의 빅토리안 드레스

주름 잡힌 플래스트런이 돋보이는
프렌치 스타일의 드레스를 만들어봐요.

실물 크기 도안 p.166

재 료

- 드레스 제작용 원단 110×20cm
- 플래스트런 제작용 레이스 원단 20×18cm
- 안감 제작용 원단 45×20cm
- 목둘레와 플래스트런 및
  소맷단 장식용 폭 1.5cm 프릴레이스 80cm
- 폭 8cm 주름 트리밍 45cm
- 폭 5cm 주름 트리밍 45cm

- 프릴이 잡힌 라셀레이스 45cm
- 얇은 실크 리본 약간
- 카메오 1개
- 진주알 약간
- 조화 약간
- 스냅단추 3개

01

상의 앞판, 플래스트런, 상의 앞판, 상의 뒤판, 상의 뒤판, 소매

상의 앞판 대칭 1쌍, 상의 뒤판 대칭 1쌍, 플래스트런 분량 원단 20×18cm 정도의 직사각형 1장 재단해요. 소매는 좌우 동일한 위치에 핀턱 처리를 하기 위해 한꺼번에 소매 2개분량으로 넉넉하게 1장 재단하세요.

02

플래스트런 원단에 패턴에서 표시한 위치대로 선을 그어줘요.

03

각 선을 따라 고운홈질로 주름홈질하고 윗단과 아랫단 각각 주름홈질을 하여, 기다란 사다리꼴 형태의 플래스트런이 나올 수 있도록 해요.

04

주름을 잡은 플래스트런 패턴 양옆에 상의 앞판을 좌우로 각각 연결하세요.

05

플래스트런 패턴과 상의의 연결 부위를 겉면끼리 마주 닿도록 하여 연결한 모습이에요.

06

상의 앞판과 뒤판을 어깨선 바느질로 각각 연결해요.

07

패턴에 표시한 위치와 두께대로 핀턱을 잡아서 핀턱의 결이 밑을 향하도록 잘 다림질해요. 핀턱선을 잘 맞춰서 패턴을 올려놓고 소매 2개가 나오도록 시접 여유를 두고 재단해요.

08

팔목 부위에 핀턱이 자리 잡은 소매 패턴 2장이 생겼어요.

09

뒤판, 뒤판, 앞판

상의 안감을 앞판 1장, 뒤판 대칭 1쌍을 각각 재단해요.

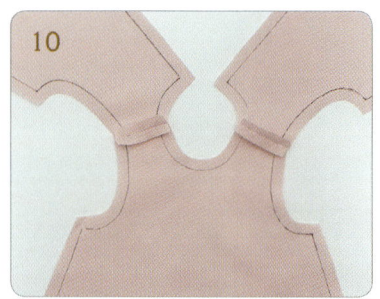

10

상의 안감의 앞판과 뒤판을 어깨선에서 연결해요. 어깨선 시접은 가름솔 처리해요.

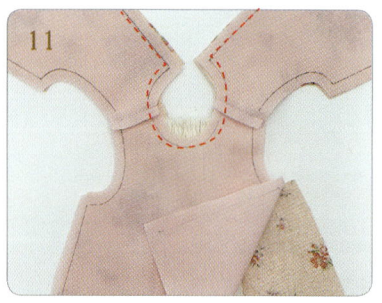

11

플래스트런과 연결한 상의 겉면 위에 상의 안감을 올려놓아서 겉감과 안감의 겉면끼리 마주 닿도록 모양을 맞춰요. 상의 뒤여밈 부분과 목둘레선을 촘촘히 바느질해서 연결해요.

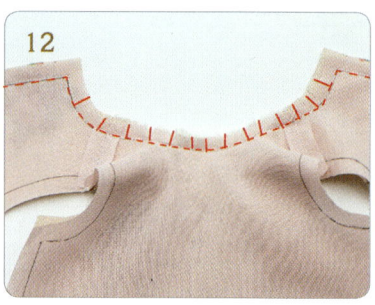

12

목둘레의 곡선 시접에 가위집을 넣으면 뒤집어도 모양이 잘 살아나요.

13

뒤집어서 겉면이 겉으로 나오도록 모양을 잘 잡아서 다림질해요.

14

소매의 밑단 시접을 0.3cm씩 2번 말아 접어 고운홈질로 단 처리해줘요.

15

단 처리를 한 소맷단에 프릴레이스를 덧대어 바느질로 고정하세요.

16

안감 처리를 한 드레스 상의 진동둘레에 각 소매를 하나씩 연결하려는 모습이에요.

17

패턴의 소매산에 표시한 선을 참고해 촘촘히 주름홈질해서 실을 당겨요. 진동둘레와 동일한 길이가 되도록 줄인 후 소매와 상의를 바느질로 연결해요.

18

가위집   가위집

소매 옆선과 드레스 상의 허리 옆선을 바느질로 연결하세요. 겨드랑이 부위의 꺾인 지점에 가위집을 넣어서 뒤집어도 모양이 뒤틀리지 않도록 해줘요.

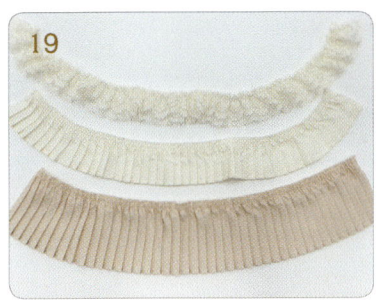

주름이 잡힌 트리밍을 각각 폭 8cm와 폭 5cm짜리로 길이 43cm 정도씩 잘라서 준비해요. 프릴이 잡힌 라셀레이스도 약 43cm 길이로 준비해요.

주름 잡힌 트리밍 2개를 윗단을 바느질로 고정해줘요.

겉면이 겉으로 나오도록 뒤집은 드레스 상의의 플래스트런 양쪽 연결 부위와 목둘레에 폭 2cm 정도의 프릴레이스를 바느질로 달아요.

상의 밑단 가장자리 위에 주름이 잡힌 트리밍 2겹을 그대로 올려두고 깔끔하게 상침해요.

상침한 바느질선이 보이지 않도록 준비해둔 라셀레이스로 그 위를 덮은 후 동일한 계열의 실로 바느질해 고정하세요.

멋진 주름스커트가 달린 빅토리안 드레스가 완성되고 있어요.

실크 리본과 카메오 등의 유럽풍 장신구로 앞쪽 목 중심을 장식해요. 크고 작은 진주알들을 플래스트런 곳곳에 랜덤으로 2~3알씩 바느질로 고정해서 장식해요.

주름이 잡힌 트리밍 양 끝부분을 겉면끼리 마주 대고 튼튼하게 바느질해요. 이때 정확히 이 주름스커트 부분만 연결해야 해요. 연결할 때는 8cm 주름 원단, 5cm 주름 원단, 그리고 레이스까지 한꺼번에 바느질하세요.

스커트 부분만 뒤 중심선을 연결하고, 남은 상의 뒤여밈 부분은 그대로 둔 뒷모습이에요. 이런 모습이 되면 잘 따라오고 계신 거예요.

28

드레스 뒤 중심을 장식할 리본을 만들기 위해 드레스 원단으로 42×18cm 크기의 직사각형을 1장 재단해요.

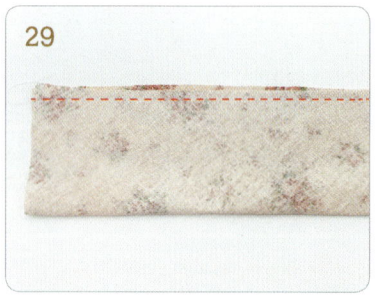

29

원단이 겉끼리 마주 닿도록 가로로 반을 접어서 윗단 시접을 0.5cm 두고 고운홈질로 바느질하세요.

30

겉면이 겉으로 나오도록 뒤집고 바느질선이 중심에 오게 한 후 잘 다림질해요.

31

양 끝이 중심에서 약 0.5cm 정도 겹치도록 접어요.

32

두껍게 겹친 중심 부분을 실 2줄로 2~3땀 홈질해요. 너무 많이 바느질하지 않도록 해요.

33

적은 바늘땀으로 홈질하여 중심 허리가 날씬한 리본 형태가 만들어졌어요.

34

동일한 원단으로 2.5×6cm 정도 되는 직사각형 패턴을 1장 재단해요.

35

재단한 작은 직사각형 원단의 양옆 시접을 약 0.7cm씩 접어서 다림질해요.

36

리본 중심 허리를 감싸줘요.

37

리본이 풀리지 않도록 뒤에서 단단하게 감침질해 고정해요.

38

리본의 뒷모습이에요. 리본 중심에서 리본 밑부분을 한꺼번에 잡아서 약 3cm 정도 분량을 감침질하세요.

39

밑으로 살짝 처진 듯 차분한 모양의 리본이 완성되었어요.

40

리본을 상의와 치마가 연결된 뒤 중심 위치에 바느질로 단단하게 고정하여 장식해요.

41

드레스에 플래스트런 추가 장식을 하려고 해요. 장식할 준비가 된 드레스의 앞모습이에요.

42

자연스러운 느낌이 나도록 작은 조화들을 글루건으로 고정해서 장식해요. 얇은 실크 리본을 길게 접어 플래스트런 밑단의 양 끝에 바느질로 고정해 늘어뜨려요.

43

패턴에 표시된 위치대로 스냅단추 3개를 각각 달아서 여밈이 가능하게 해주면 완성이에요.

Item 2
소공녀의 케이프

인도에서 살다가 영국으로 이사 온
세라를 위해 따뜻한 케이프를 만들어봐요.

실물 크기 도안 p.169

재 료

- 케이프 제작용 원단 55×18cm
- 안감 원단 55×18cm
- 목둘레 및 밑단 장식용 폭 3cm 프릴레이스 70cm
- 목둘레 추가 장식용 폭 1.5cm 프릴레이스 18cm
- 목 고정용 실크 리본 60cm
- 슬릿 장식용 얇은 실크 리본 약간
- 조화 약간

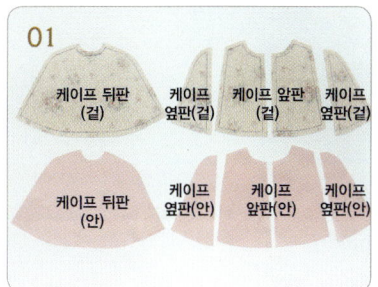

케이프 겉감으로 뒤판 1장, 앞판 대칭 1쌍, 옆판 대칭 1쌍 재단해요. 안감으로도 동일하게 뒤판 1장, 앞판 대칭 1쌍, 옆판 대칭 1쌍 재단하세요.

각 패턴의 겉감과 안감을 겉면끼리 마주 대고, 창구멍을 제외한 완성선을 따라 촘촘하게 바느질해요.

각지고 곡선인 시접선에 가위집을 넣어주고 창구멍을 통해 겉면이 겉으로 나오도록 뒤집은 후 모양을 잘 살려 다림질해요.

앞판과 옆판을 연결하되 패턴에 표시된 지점까지만 공그르기로 연결하세요. 이때 안감도 동일하게 공그르기로 처리해둬요.

앞판과 옆판을 연결한 후, 뒤판도 공그르기로 연결해요. 겉감과 안감 모두 공그르기로 처리하세요. 이렇게 각각의 패턴 가장자리를 공그르기로 연결하면 연결 부위에 힘이 생겨서 모양이 잘 잡혀요.

폭 3cm 프릴레이스를 목둘레에 둘러 장식하고, 같은 프릴레이스를 케이프 밑단 가장자리에 바느질해 고정해요. 이때 앞판과 옆판의 슬릿 부분까지 꼼꼼하게 거치면서 장식해야 해요.

드레스의 플래스트런과 목둘레를 장식했던 폭 1.5cm 라셀레이스를 케이프 목둘레에 한 번 더 겹쳐서 바느질해 장식해요.

실크 리본을 길이 약 30cm 정도로 2개 잘라내서 앞 목의 여밈 부분에 각각 단단히 달아요. 앞 목의 여밈 부분 모서리와 팔이 나오는 슬릿 시작 부분에 조화들을 글루건으로 고정해서 오밀조밀 장식하면 사랑스러워요.

Item 3
소공녀의 보닛

프렌치 드레스의 필수 아이템인
외출용 보닛을 만들어봐요.

실물 크기 도안 p.170

재 료
- 보닛 제작용 원단 55×45cm
- 안감용 원단 55×12cm
- 고정용 실크 리본 60cm
- 보닛 챙 안쪽 장식용 프릴레이스 40cm

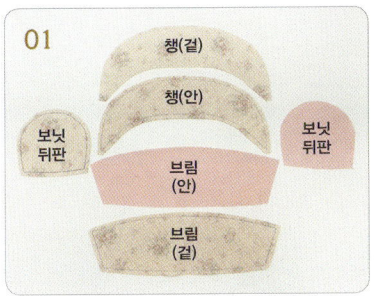

01

보닛 패턴 3가지를 각각 겉감과 안감 1장씩 재단해요. 이때, 챙 패턴은 겉감과 안감 모두 겉감 원단으로 재단해요.

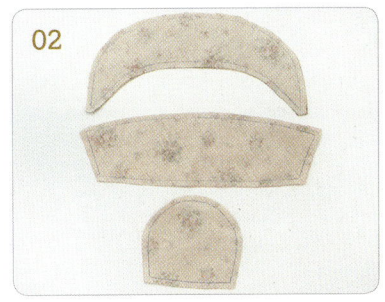

02

챙과 브림, 뒤판 패턴을 각각 겉감과 안감의 겉면끼리 마주 닿도록 모양을 잘 맞춰요. 그리고 창구멍을 제외한 완성선을 따라 촘촘한 바느질로 연결해요.

03

각진 시접에 가위집을 넣어줘요. 겉면이 겉으로 나오도록 패턴 3개를 뒤집어 모양을 잘 잡은 후 다림질해요. 창구멍은 굳이 막지 않아도 돼요.

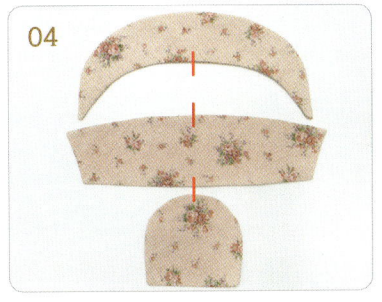

04

챙과 브림, 그리고 뒤판의 겉면 모습이에요. 각 패턴이 이 순서대로 연결되는데, 중심점을 기준으로 연결해야 좌우 대칭이 맞아요. 수성펜이나 시침핀으로 중심점을 잘 표시해서 실수가 없도록 유의해요.

05

각 패턴의 해당 부분을 공그르기로 연결해요. 먼저 겉감은 겉감끼리 공그르기를 하고 안감은 안감끼리 안쪽에서 공그르기해요. 사진은 모든 패턴을 연결한 보닛의 겉면 모습이에요.

06

패턴 3개가 연결된 보닛의 안쪽 모습이에요. 이렇게 패턴 가장자리를 공그르기로 연결하면 연결 부위에 힘이 생겨서 모양이 잘 잡혀요.

07

챙 안쪽에 프릴레이스를 바느질로 고정하되, 바늘땀이 보닛의 겉면으로 노출되지 않도록 안쪽 면만 살살 떠주듯이 고정해요. 실크 리본을 약 30cm 길이로 2개 잘라서 챙 양쪽 끝의 연결 부분에 고정해요.

The Holy Communion

퍼스트 커뮤니온 드레스

오늘은 영성체 예식이 있어요.
세상에 태어나 처음으로 성체를 모시는 귀하고 소중한 날이죠.
경건한 마음으로 기도드리는 특별한 날을 위해 순백의 드레스와 미사 베일을 준비해요.
하얀 드레스와 베일처럼 예쁘고 밝은 마음으로 다른 이들을 사랑하면서 살아가겠다고
약속하는 기쁨이 충만한 날. 잊을 수 없는 이 날!

퍼스트 커뮤니온 드레스 + 커뮤니온 베일

Item 1
퍼스트 커뮤니온 드레스

이 드레스는 어린 소녀가 첫영성체 예식 때 입는 순백색 옷이에요.
정갈하면서도 사랑스러운 디자인의 아름다운 드레스를 만들어봐요.

실물 크기 도안 p.171

재료

- 오프화이트 톤 레이스 원단 110×40cm
- 오프화이트 톤 망사레이스 원단 55×22cm
- 오프화이트 톤 무지 원단 50×12cm
- 오프화이트 톤 무지 망사 원단 20×20cm
- 장식용 폭 1.5cm 프릴레이스 35cm

- 폭 2.5cm 노방 리본 90cm
- 장식용 진주알 또는 비즈구슬 약간
- 조화 약간
- 스냅단추 2개

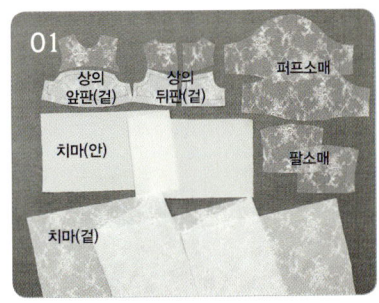

상의 겉감의 앞판과 뒤판의 중간 경계선을 기준으로 2가지 원단을 재단해요(뒤판은 대칭으로 1쌍씩). 퍼프소매와 팔소매도 망사레이스 원단으로 각 2장씩 재단하세요. 치마는 레이스 원단으로 110×23cm 1장, 흰색 무지 원단으로 50×12cm 1장 재단해요.

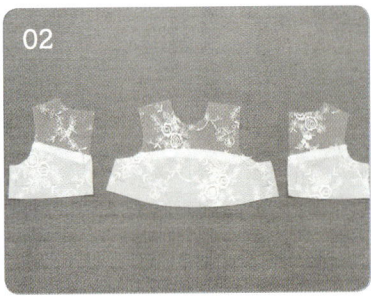

상의 겉감이 될 앞판과, 겉감의 위아래 패턴을 각각 연결하고 시접을 아래쪽으로 꺾어요.

상의 어깨선을 촘촘한 바느질로 단단히 연결하세요. 시접 0.3cm 정도를 남기고 잘라낸 후, 너무 당겨지지 않도록 감침질해요. 이렇게 하면 망사 원단 사이로 시접이 넓게 남지 않아 깔끔해 보여요.

상의 안감용 망사 원단을 펼친 상의 크기보다 여유로운 크기로 1장 재단하여 밑에 깔아둬요. 그 위에 상의 겉감의 안쪽이 위로 오도록 올려놓아요.

이 상태에서 뒤여밈 부분과 목둘레를 촘촘한 홈질 또는 박음질해요.

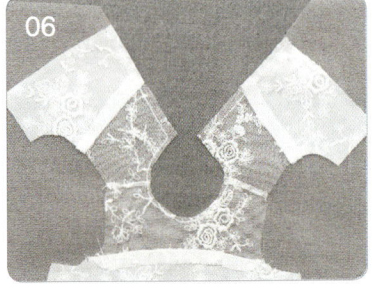

뒤여밈 시접을 0.5cm 남기고 자른 후 목둘레 시접도 0.4cm 남기고 잘라요. 잘라낸 시접을 촘촘히 감침질하면서 깔끔하게 처리하세요. 나머지 부위의 안감 원단은 아직 잘라내지 않고 남겨둬요.

겉면이 겉으로 나오도록 뒤집은 후, 상의 밑단과 진동둘레를 모두 아우르며 가장자리를 촘촘히 감침질하거나 재봉틀로 지그재그 또는 오버로크 처리해요.

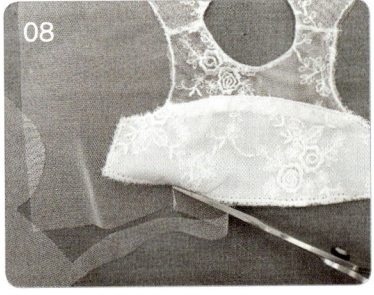

가위로 가장자리 망사 안감의 여유분을 잘라내요.

망사 안감의 여유분을 깔끔하게 잘라낸 후 상의를 펼친 모습이에요.

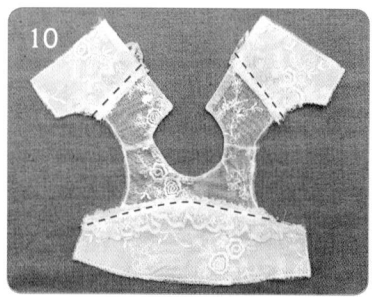

상의 망사 안감과 원단의 경계선에 장식용 프릴레이스를 대고 바느질로 고정하세요.

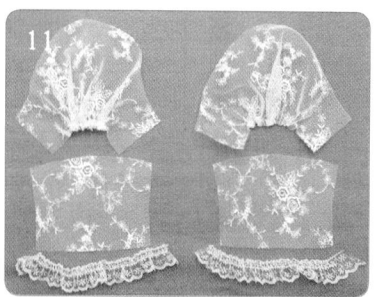

재단해둔 퍼프소매의 밑단을 패턴에 표시된 분량만큼 주름홈질한 후, 실을 당겨서 팔소매의 윗단 길이와 같도록 맞춰요. 팔소매 밑단에 장식할 프릴레이스도 준비해둬요.

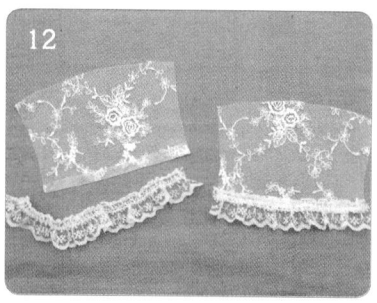

소매의 밑단 시접을 겉쪽으로 꺾고 그 위에 장식용 레이스를 덮어서 바느질로 고정해요. 그러면 시접이 안팎으로 노출되지 않아서 마감이 한층 깔끔하고 고급스러워져요.

안감 처리를 해둔 상의 진동둘레와 퍼프소매를 연결하려고 준비한 모습이에요.

패턴에 표시된 퍼프소매의 주름홈질선을 홈질해요. 실을 당겨 주름을 잡아 진동둘레와 같은 길이가 되도록 맞춘 후, 겉면끼리 마주닿게 하고 촘촘한 바느질로 연결해요.

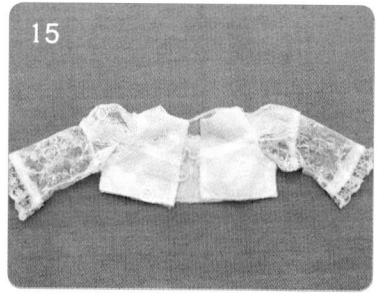

소매가 연결된 상의의 안감 쪽 모습이에요. 소매와 연결된 진동둘레 시접은 소매 쪽으로 꺾이도록 하고 겨드랑이 부분에는 가위집을 살짝 넣어주면 뒤집었을 때 상의 모양이 뒤틀리지 않아요.

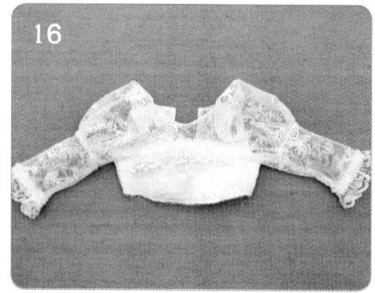

겉면이 겉으로 나오도록 뒤집어준 상의 모습이에요.

재단해둔 레이스 원단 치마의 윗단을 주름홈질해서 무지 원단의 가로 길이와 동일하도록 줄여요. 주름이 고루 퍼지도록 매만진 후 레이스 치마 겉면 위에 무지 원단을 올리고 윗단을 바느질로 연결해요.

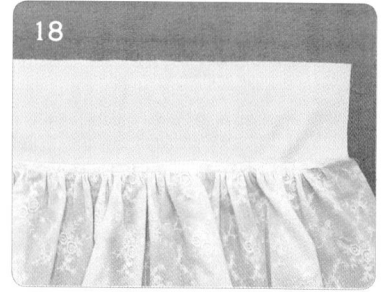

두 패턴을 연결한 안쪽 면의 모습이에요.

레이스 원단 치마의 밑단 역시 윗단과 동일한 길이가 되도록 주름홈질해서 줄인 후 주름이 고루 퍼지도록 매만져요.

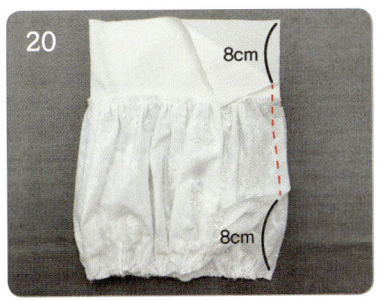

이 상태에서 세로로 반 접어서 뒤 중심선에 겉면끼리 만나도록 겹쳐줘요. 위아래 각각 8cm 정도 남기고 중간 부분만 바느질로 연결해요.

시접을 가름솔 처리하면 위아래 트임 부분의 시접이 자연스럽게 접히게 돼요.

레이스 치마에 주름 잡은 밑단을 접어 올려 무지 원단의 윗단과 만나게 해줘요. 이 과정에서 부푼 형태의 펌킨 스커트 모양이 나오게 돼요.

뒤트임 부분의 양옆 원단을 겉감과 안감끼리 잘 맞춰 겹쳐서 고운홈질 또는 박음질로 고정하세요.

치마의 허리 부분을 주름홈질해서 상의 허리선 길이와 같도록 줄인 후 주름이 고루 퍼지도록 매만져줘요.

상의와 치마의 겉끼리 마주 대고 연결한 모습이에요. 허리 연결 부위에서 0.2cm 정도 상의 쪽으로 옮겨간 부위에 촘촘한 바느질 또는 재봉틀로 상침하면 깔끔해요. 상침할 경우 원단과 동일한 색실을 활용하세요.

목둘레에 진주알이나 비즈 등으로 방울방울 비딩 장식을 하고, 퍼프소매 밑단 부분과 허리 앞쪽에 흰색 노방 리본으로 각각 장식해요. 특히 허리 앞쪽 중심 리본에는 작은 조화들을 글루건으로 고정해요.

상의 뒤트임 부분인 목과 허리 부분에 스냅단추를 각각 달아주면 완성이에요.

Item 2
커뮤니온 베일

영성체 예식 때 착용해야 하는 커뮤니온 베일.
공주님이 된 것 같은 행복한 마음을 안고
가슴이 콩닥콩닥 뛸 정도로 아름다운 베일을 만들어봐요.

실물 크기 도안 p.173

재 료

- 가장자리가 스캘럽 자수 가공이 된 오프화이트 톤 망사레이스 원단 70×30cm
- 가장자리 장식용 케미컬레이스 테이프 100cm 정도

가장자리 자수가 놓인 부분이 위로 가도록 한 후, 세로로 반 접어서 패턴대로 대칭이 되도록 재단해요.

재단한 베일 패턴 밑단 가장자리에 레이스를 덧대기 전의 모습이에요.

끝부분부터 꼼꼼하게 바느질하면서 가장자리를 장식해요.

얇은 천을 위에 덮고 잘 다림질해요.

커뮤니온 베일이 완성되었어요. 드레스를 입은 인형 머리에 예쁘게 씌워주세요.

마리 앙투아네트 왕비의 딸 마리 테레즈가 엄마의 별장인 프티 트리아농으로 소풍 나왔어요.

동생인 루이도 함께 왔는데 어느새 양이나 오리를 구경하러 돌아다니고 있네요.

베르사유 궁전의 엄숙한 분위기에서 벗어나 이렇게 예쁜 공간에 올 때면

마리는 가장 가벼운 드레스를 입고 로코코 해트를 쓰곤 해요.

아직 어리지만 포켓 후프도 언제나 착용하라고 엄마가 늘 일러주셨어요.

마리는 프랑스의 소중한 공주니까요.

로코코 드레스 + 포켓 후프 +
로코코 해트 + 코르사주 초커

Item 1
로코코 드레스

로코코 드레스는 종류가 다양해요.
이 책에 소개되는 로코코 드레스는 아이들을 위한 디자인이에요.
프티 트리아농이라는 공간에 어울리도록 사랑스러우면서 심플한,
그러면서도 로코코 스타일다운 아름다운 의상을 만들어봐요.

실물 크기 도안 p.174

재료

- 드레스 제작용 원단 110×45cm
- 상의 안감과 스토마커 제작용 원단 55×15cm
- 드레스 가장자리 및 스토마커 장식용
  금사 자수레이스 120cm
- 목둘레 및 스토마커 가장자리 장식용
  자바라레이스 60cm

- 소맷단 장식용 프릴레이스 25cm
- 네크라인 가장자리 장식용 프릴레이스 20cm
- 목둘레 가장자리 장식용 실크 리본 60cm
- 스토마커 및 소매 장식용 조화 약간
- 스냅단추 2개

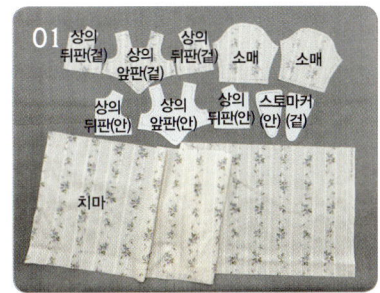

상의 겉감으로 앞뒤 대칭 1장씩, 소매 2장, 상의 안감으로 앞뒤 대칭 1장씩, 스토마커 겉과 안 1장씩, 치마 분량 110×26cm 1장 재단해요.

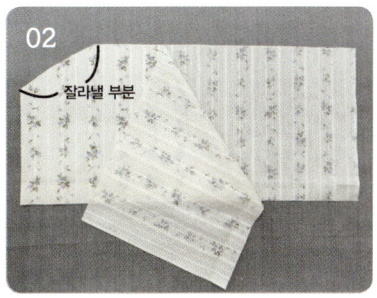

치마 원단을 세로로 반을 접고, 치마의 중심 부분이 되는 접힌 부분을 사선으로 잘라내요. 이때 접힌 중심 꼭짓점을 기준으로 가로로 12cm, 세로로 7cm 지점을 이은 사선을 잘라내세요.

접힌 상태에서 중심을 사선으로 잘라낸 후 좌우로 펼친 모습이에요.

치마 밑단의 시접 0.5cm를 겉감 쪽으로 접어서 미리 다려둬요. 이렇게 하면 치마 안쪽이 깔끔하게 보일 수 있어요.

겉으로 접힌 시접에 금사 자수레이스를 덮고 밑단을 바느질로 잘 고정해요. 이런 장식레이스는 망사 원단에 자수가 놓인 것이 대부분인데, 자수 부분을 꼼꼼하게 바느질로 고정한 후 바탕 망사 부분은 작은 가위로 잘 오려내세요.

밑단을 레이스로 장식할 때는 될 수 있으면 사진처럼 중심을 기준으로 하여 레이스 패턴이 좌우 대칭으로 위치하게 하면 좋아요.

치마 밑단을 금사 자수레이스로 장식한 후 펼친 모습이에요.

상의 겉감의 앞판과 뒤판을 어깨선에서 연결하고 시접은 가름솔로 처리해요.

상의 안감의 앞판과 뒤판도 어깨선에서 연결하고 시접은 가름솔로 처리하세요.

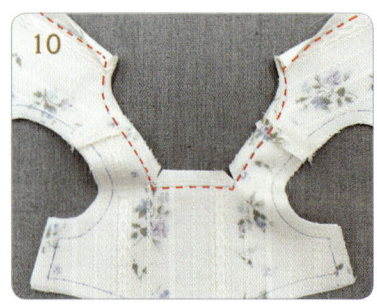

어깨선을 연결한 상의 겉감과 안감을 모양이 일치되도록 잘 겹치고, 뒤여밈선과 목둘레선을 촘촘하게 박은 후 각지고 곡선인 시접선에 가위집을 넣어줘요.

겉감의 겉이 바깥으로 나오도록 상의를 뒤집은 후 모양을 잘 살려서 다림질하세요.

패턴에 표시된 소매산의 주름홈질선을 고운 홈질해요. 상의 진동둘레 길이와 같도록 잘 맞춰서 소매와 상의를 연결해요.

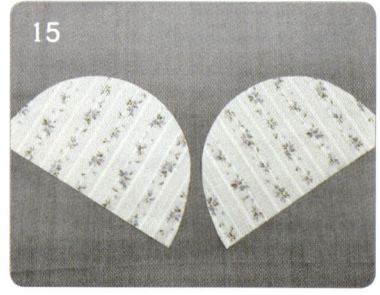

안쪽 면이 겉으로 나오도록 어깨선에서 접은 후, 소매 옆선과 허리 옆선을 고운홈질로 연결하세요. 뒤집기 전에 겨드랑이 부위에 가위집을 넣어요.

겉면이 겉으로 나오도록 뒤집어서 모양을 잘 잡아 다림질하거나 스팀을 가해줘요.

오버스커트 패턴대로 그려서 2장을 재단해요.

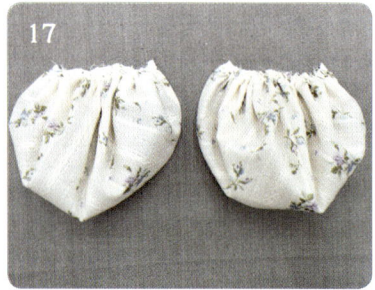

오버스커트 직선 부분 시접이 밑단인데, 이 밑단 시접을 안쪽에서 0.3cm씩 2번 말아 접어서 고운홈질이나 박음질로 단 처리하세요.

곡선 부분을 주름홈질하고 실을 당겨 길이가 10cm 정도가 되도록 줄여요. 오버스커트 사전 작업은 여기까지 하고, 나중에 치마와 연결하도록 해요.

치마 앞 중심 부분에 V자 모양으로 파인 부분부터 주름홈질해요. 양쪽 길이가 각 5cm 정도가 되도록 실을 당겨 주름을 잡아요. 즉, V자 라인의 주름 길이가 총 10cm가 되는 거예요.

치마의 나머지 분량의 주름을 잡기 전에 우선 양쪽 옆선 시접 1.5cm 정도를 먼저 접어야 해요. V자 라인의 주름을 제외한 나머지 양쪽 윗단을 주름홈질하여 길이가 각각 10cm 정도가 되도록 실을 당겨서 주름을 잡아요.

옆선 시접 1.5cm 정도를 접고 나서 주름을 잡은 모습이에요.

제작해둔 오버스커트를 허리 주름을 잡은 치마 윗단에 고정하되, 위치는 오버스커트의 한쪽 끝이 치마의 양옆 가장자리에 닿는 곳이에요.

오버스커트를 연결한 치마 윗단 주름 위치에 상의 허리선이 겉면끼리 닿도록 마주 대고 선을 따라서 꼼꼼하게 바느질로 연결해요.

상의와 연결한 치마허리 윗단의 시접이 상의 쪽으로 가도록 한 후, 허리 연결 솔기에서 상의 쪽으로 0.2cm 정도 올라간 곳에 상침하면 깔끔하겠죠.

치마 뒤 중심선을 연결하되, 밑단에서 17cm 정도만 바느질해야 갈아입힐 때 편해요. 사진은 뒤 중심을 연결한 드레스의 앞모습이에요.

자바라레이스를 목둘레 양쪽 옆선에 대고 바느질로 고정해 장식하세요.

프릴레이스를 목둘레 안쪽에 대고 바느질로 고정해요.

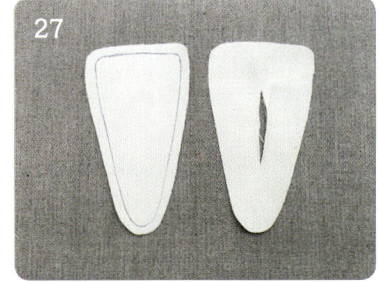

스토마커 겉감과 안감을 겹쳐서 둘레를 꿰매기 전, 안감의 중심을 가위로 살짝 잘라 창구멍을 만들어요. 2장을 겹쳐 둘레를 촘촘하게 바느질한 후 창구멍을 통해 뒤집어요.

28

창구멍을 통해 뒤집은 모습이에요.

29

스토마커 모양을 잘 살려서 다림질해요.

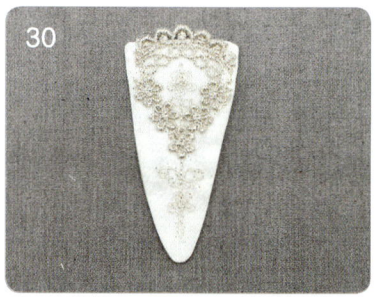

30

치맛단을 장식하고 남은 레이스의 한 모티브 부분을 잘 오려서 스토마커 겉면 위에 올려 둔 후, 바느질로 깔끔하게 고정하세요.

31

목둘레를 장식했던 자바라레이스를 스토마커 가장자리에 둘러서 바느질로 고정해요.

32

자바라레이스를 두른 스토마커를 상의 앞판에 바느질로 고정하세요. 가급적 바늘땀이 겉으로 노출되지 않도록 깔끔하게 바느질해야 해요.

33

소맷단 장식용 프릴레이스를 반으로 나누어 양쪽 소매에 각각 달아주세요. 이때 시작과 끝부분을 사진처럼 사선으로 잘라내요.

34

사선 부분을 주름홈질해서 실을 바짝 당겨요.

35

소맷단의 시접을 겉쪽으로 0.5cm 정도 꺾어 접어요. 그리고 사진처럼 소매 옆선의 시접 반대쪽을 레이스를 달아주는 출발점으로 정해요.

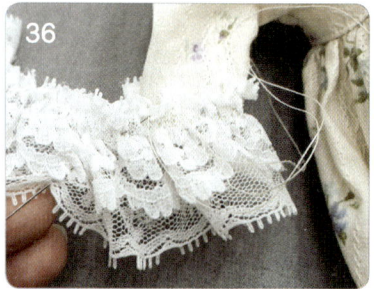

36

소맷단 둘레의 시접을 잘 가리면서 레이스를 바느질로 고정해나가요.

마무리할 때도 시작할 때처럼 사선으로 레이스를 자르고 주름홈질한 후, 실을 당겨 대칭이 되도록 해요.

스토마커와 소맷부리를 조화와 실크 리본 등으로 취향대로 장식하세요.

목뒤와 뒤허리에 스냅단추를 달아줘요.

로코코 드레스가 완성되었어요.

Item 2
포켓 후프

로코코 드레스의 부푼 양옆 실루엣의 비밀은 바로 이 포켓 후프에 있어요.
드레스 모양이 예쁘게 잡히도록 해주는 포켓 후프를 차근차근 만들어봐요.

실물 크기 도안 p.175

재료

- 포켓 후프 곡선 겉면 제작용 자수레이스 원단 45×35cm
- 포켓 후프 밑면과 안쪽 면 제작용 무지 원단 40×20cm
- 폭 7~8cm 2겹 프릴레이스 50cm
- 폭 1.5cm 프릴레이스 50cm
- 폭 1.5~2cm 장식용 토션레이스 테이프 80cm
- 조화 약간
- 허리 묶음용 실크 리본 120cm
- 케이블 타이 20cm 길이 6개

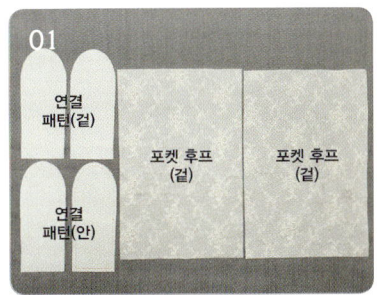

자수레이스 원단으로 포켓 후프 겉면 22×32cm 2장, 무지 원단으로 포켓 후프 밑면과 안쪽 면 연결 패턴 겉감 1쌍과 안감 1쌍을 재단해요.

포켓 후프 겉면 2장을 양쪽 시접 0.7cm씩 안쪽으로 접어서 고운홈질로 바느질해 옆단 처리해요.

각각 겉면끼리 마주 대고 윗단에서 고운홈질로 연결하세요.

겉면이 겉으로 나오도록 뒤집은 후 재단펜을 이용해 패턴에 표시된 대로 선을 그리고 고운홈질해요. 이때 옆 부분은 그대로 트이게 하고 가로선만 바느질해야 해요.

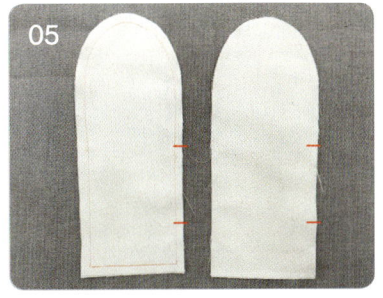

포켓 후프 밑면과 안쪽 면이 연결된 패턴의 겉감과 안감을 각각 겹치고 창구멍을 제외한 나머지 선을 바느질하세요.

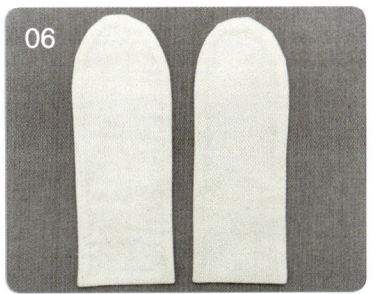

각지고 곡선인 시접에 가위집을 넣은 후 창구멍을 통해 뒤집고 모양을 잘 잡아 다림질해요.

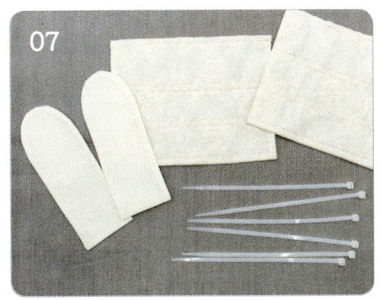

각각의 패턴을 순서대로 처리한 상태에서 길이 20cm 케이블 타이 6개를 준비하세요.

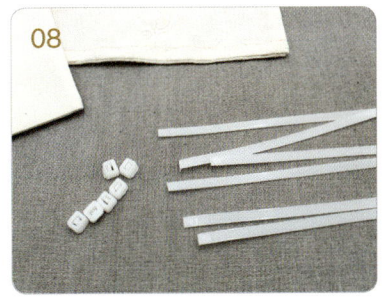

케이블 타이의 헤드 부분을 가위로 바짝 잘라내요.

헤드를 잘라낸 케이블 타이를 포켓 후프 옆 통로에 끼워 넣어요. 이때 패턴을 참고하여 맨 밑의 케이블 타이를 끼우는 위치와 끈이 통과하는 통로를 혼동하지 않도록 유의하세요.

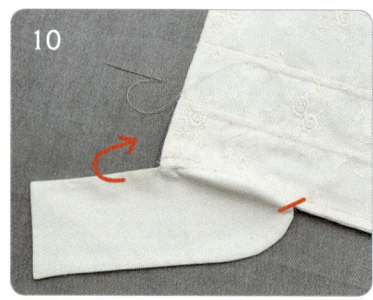

두 패턴을 공그르기 또는 촘촘한 감침질 등으로 연결하는데, 중심 부분을 먼저 정하고 꿰매면 좌우 길이의 대칭이 잘 맞게 연결할 수 있어요.

중심에서 시작해 한쪽으로 다 연결한 모습이에요.

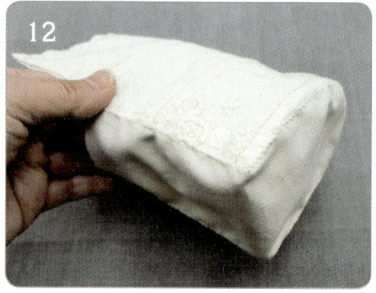

나머지 반대편도 동일한 방법으로 연결하세요.

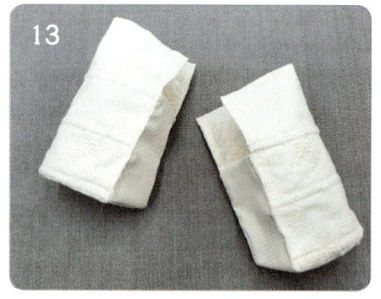

2개 패턴을 이어 붙여서 포켓 후프 2개의 형태가 완성됐어요.

준비한 폭 8cm의 2겹 프릴레이스와 1.5cm 프릴레이스를 사용하여 포켓 후프를 장식해 줄 차례예요.

포켓 후프 몸체 중 맨 위의 케이블 타이 위치에 폭 8cm의 2겹 프릴레이스를 바느질로 달아줘요. 이때 레이스의 양옆 끝부분의 시접을 1.5cm 정도 안으로 접어 넣어 달아주면 깔끔해요.

먼저 장식한 레이스 고정 위치에 폭 1.5cm의 프릴레이스를 겹쳐 대고 바느질로 달아줘요. 이때도 역시 레이스의 양옆 끝부분의 시접을 1.5cm 정도 안으로 접어 넣어 달아주면 깔끔해요.

2개의 포켓 후프에 레이스를 모두 장식한 모습이에요.

준비한 실크 리본을 2겹으로 만든 후 고무줄 끼우개를 이용해 2개의 포켓 후프 허리의 통로를 통과시켜요.

포켓 후프가 연결되었어요. 얇은 실크 리본은 2겹을 사용하는 게 좋지만, 리본이 두껍거나 다른 튼튼한 끈을 사용하면 반드시 2겹일 필요는 없어요.

장식용 토션레이스 테이프로 리본 모양을 만들어서 포켓 후프 양쪽 옆에 바느질이나 실리콘 글루건 등으로 단단히 고정하세요.

토션레이스 테이프의 리본 중심에 조화들을 글루건으로 고정해서 장식해요.

로코코 드레스 실루엣을 멋지게 살려주는 포켓 후프가 완성되었어요. 인형의 몸에 그냥 둘러주면 흘러내리니, 속바지를 입히고 속바지 허리선과 겹치도록 둘러서 묶어주면 입혔을 때 흘러내리지 않아요.

Item 3
로코코 해트

아름다운 로코코 드레스와 잘 어울리는 로코코 해트는
18세기 프랑스 궁중 의상의 필수 아이템이었어요.
각종 레이스와 꽃, 리본으로 화려하게 만들어봐요.

재 료

- 지름 11cm 모자 프레임
- 모자 커버링 원단 70×40cm
- 모자 겉면 장식용 폭 3cm 프릴레이스 50cm
- 모자 안쪽 장식용 폭 3cm 프릴레이스 50cm
- 폭 2.5~3cm 정도의 레이스 테이프 60cm
- 취향에 맞는 각종 레이스 모티브, 조화, 실크 리본

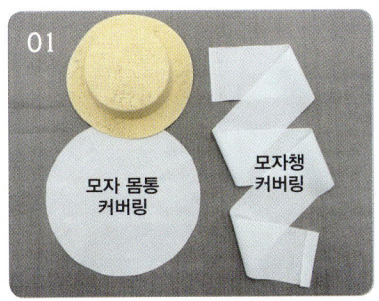

모자 몸통
커버링

모자챙
커버링

모자 프레임과 커버링 원단을 준비해요. 모자 몸통 커버링 원형 패턴은 지름 21cm 정도로 1장, 모자챙 커버링 패턴은 7×70cm 1장으로 재단하세요.

원형 패턴을 모자 몸통 부분에 올려두고 시침핀으로 사진과 같이 일정한 간격으로 접어가며 고정해요. 이때 시침핀에 손을 다치지 않도록 주의해요.

시침핀으로 고정한 위치를 다시 시침질로 고정해요.

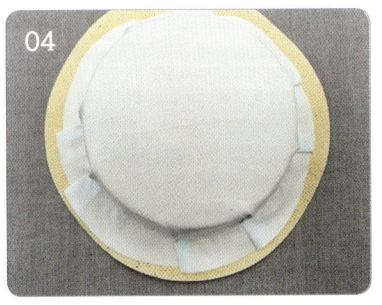

모자 몸통 부분을 원단으로 감싼 모습이에요.

재단해둔 모자챙 커버링 패턴의 윗단 시접을 0.7cm 두고 주름홈질해요. 그리고 모자 둘레의 길이보다 좀 더 여유 있는 38cm 정도로 실을 당겨 줄여서 주름을 잡아요.

사진과 같이 모자챙을 감싸는 원단의 시접을 모자 프레임의 꺾이는 부분에 가져다 대고 바느질하거나 글루건으로 꼼꼼하게 고정해요.

한 바퀴를 모두 고정한 모습이에요.

가장자리에서 펄럭이는 모자챙 커버 원단의 가장자리 시접을 0.5cm 정도 접어서 주름홈질을 해나가요.

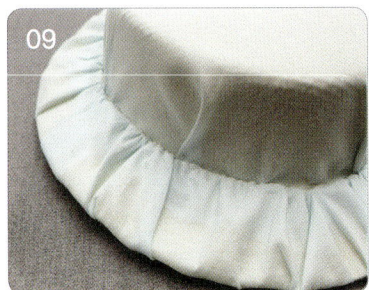

원단으로 챙을 자연스럽게 감싸요.

원단으로 모자챙을 감싼 모자의 안쪽 모습이
에요.

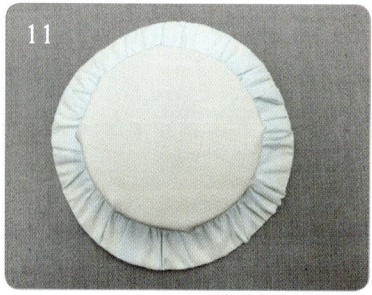
모자의 겉면이 모두 원단으로 커버링되었어요.

모자챙 안쪽 가장자리에 프릴레이스를 실리
콘 글루건으로 고정해서 장식해요.

드레스 콘셉트에 맞는 장식용 레이스 모티브
등을 모자 겉면에 바느질하거나 글루건으로
붙여요.

모자의 겉면에 레이스 장식이 자연스럽게 고
정되었어요.

모자의 챙 겉면에 프릴레이스를 글루건으로
고정해요.

모자 끈 용도로 준비한 레이스 테이프를 모
자 겉면 위에 올려두고, 양옆을 실리콘 글루
건이나 바느질로 고정하세요.

드레스 콘셉트에 맞거나 드레스 장식에 활용
한 부자재인 조화 및 실크 리본을 장식으로
활용해서 완성한 로코코 해트의 모습이에요.

Plus Item 코르사주 초커

로코코 시대 여성들은 리본이나 레이스 등으로
목에 딱 맞게 두르는 초커 목걸이를 흔히 장식했어요.
화려한 감성과 시대의 느낌을 살린 초커를 만들어봐요.

재 료
- 작은 조화 약간
- 펠트지 지름 1cm
- 잘 구겨지는 토션레이스 20~25cm
- 폭 0.7cm 검은색 리본 30~40cm

How to Make

지름 1cm 정도로 작게 오린 펠트지, 작은 조화 몇 개, 토션레이스, 그리고 검은색 리본을 준비해요.

토션레이스는 리본 형태로 접어서 물에 적신 후 구깃구깃하게 구겨서 그대로 말려요. 그 후 조화들과 함께 모아서 작은 펠트 위에 실리콘 글루건으로 접착해서 고정하세요.

검은색 리본의 중심 부분에 코르사주 장식을 글루건으로 고정하면 완성이에요. 코르사주 부분이 인형 목의 한쪽에 가도록 한 후, 목 뒤로 검은색 리본을 예쁘게 묶어 연출해줘요.

Lady in Bustle Dress

인상파 그림 모델 소녀 데데

"저는 오늘 바빠요! 르누아르 선생님이 이탈리아 여행에서 돌아오셨대요.
어서 가서 그림 모델이 되어줘야 해요." 데데는 신나게 외치며 외출 준비를 합니다.
프랑스 최고의 화가이자, 소녀들의 모습을 사랑스러운 색감으로 화폭에 담아내는
르누아르 선생님의 모델이 된다는 건 정말이지 큰 영광이 아닐 수 없어요.
멋진 여행에서 돌아온 르누아르 선생님의 그림 색감은 얼마나 더 훌륭해졌을까….
데데의 행복한 외출이 한 폭의 그림과도 같습니다.

버슬 스커트 + 버슬 재킷 + 버슬 필로 +
깃털 모자 + 토트백

Item 1
버슬 스커트

19세기 프랑스의 대표적 복식인 버슬 스타일의 히프 실루엣을 위해
뒷자락이 길게 연출되는 버슬 스커트를 만들어봐요.

실물 크기 도안 p.177

재 료

• 스커트 제작용 원단 110×40cm 1장
• 폭 3cm 검은색 프릴레이스 50cm
• 스냅단추 1개

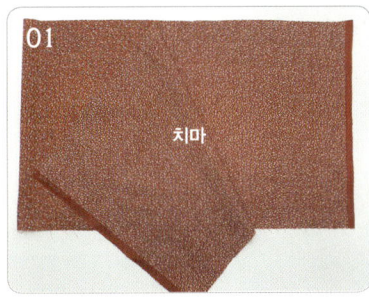

치마 제작용 원단을 110cm×40cm 1장 재단하고 반으로 접어요.

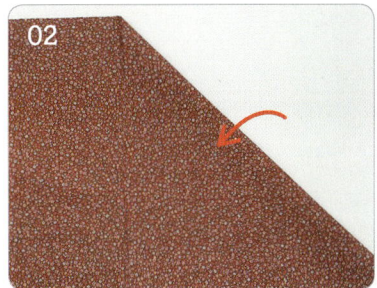

정확하게 반으로 접은 상태에서 오른쪽 위 모서리 부분을 수직으로 꺾어 접어 밑단으로 오도록 해요.

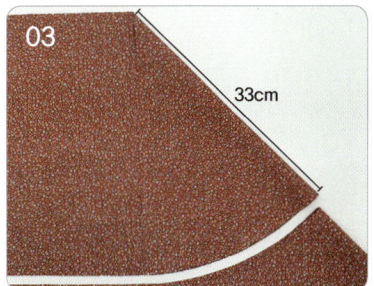

꺾어 접히는 꼭짓점을 기준으로 치마의 세로 길이가 33cm가 되도록 해요. 곡선의 길이가 일정하게 유지되도록 제단펜으로 선을 그리거나 시침핀으로 표시한 후 깔끔하게 재단하세요.

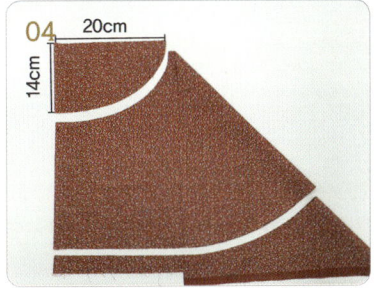

허리둘레가 될 왼쪽 모서리 꼭짓점에서 14cm 내려온 지점과 오른쪽으로 20cm 이동한 지점을 자연스러운 곡선 형태가 되도록 잘라요(사진 참조). 잘린 패턴으로 허리 부분을 제작할 거예요.

잘린 패턴 원단을 활용해 허리 패턴 겉감과 안감을 1장씩 재단해요.

허리 부분을 연결하기 전에 허리선을 주름홈질하고 실을 당겨 길이를 조절한 후, 주름의 분량이 자연스럽게 고루 퍼지도록 매만져요.

주름이 잡힌 허리선에 허리의 패턴이 겉면끼리 마주 닿도록 해요. 좌우 대칭을 고려해서 시침핀으로 잘 고정하세요.

완성선대로 바느질을 연결해요.

치마와 연결된 허리 패턴을 위로 꺾어 올려요. 이때 시접은 자연스럽게 허리 쪽으로 가게 돼요.

10

치마와 연결된 허리 패턴 겉감의 겉면 위에 허리 패턴 안감을 겉끼리 마주 닿도록 올려 놓아요.

11

허리 패턴의 겉감과 안감을 겉끼리 마주 닿 도록 잘 겹치고 양쪽 옆선과 윗단을 고운홈 질해요.

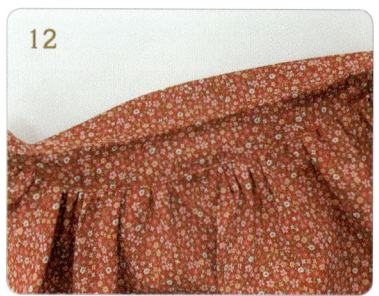

12

각지고 곡선인 가위집을 살짝씩 넣어준 후 뒤집어요.

13

허리 패턴 안감의 밑단은 공그르기나 감침질 로 잘 고정하세요.

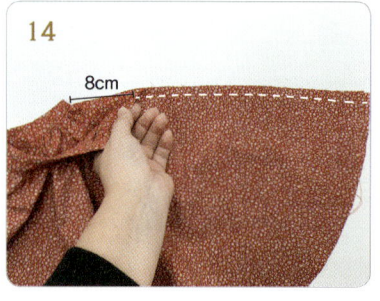

14

8cm

허리 패턴에서 8cm 정도만 남기고 나머지 허리 뒤 중심선은 박음질해요.

15

치마 뒤 중심선의 시접을 가름솔 처리해요.

16

치마 밑단 시접을 0.7cm 정도 접어서 고운 홈질 등으로 단 처리한 후, 모양이 잘 잡히 도록 다림질해요.

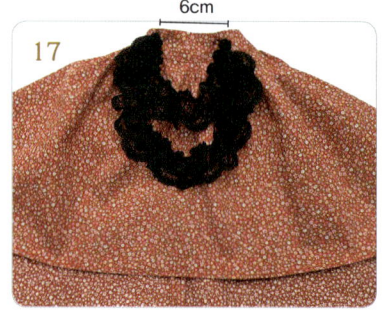

17

6cm

폭 3cm의 검은색 프릴레이스를 각 18cm 1개, 30cm 1개로 잘라낸 후 아치형이 되도 록 양 끝부분을 바느질하세요. 이때 레이스 가 고정되는 양 끝 사이의 간격은 6cm 정 도가 되도록 해요.

18

허리 패턴의 양 끝부분에 스냅단추를 달아 주면 뒷자락이 긴 버슬 스커트 완성이에요.

Item 2
버슬 재킷

허리 뒤에 트레인이 멋지게 달린
버슬 스타일 재킷을 만들어봐요.

실물 크기 도안 p.178

재료

- 재킷 제작용 원단 110×45cm
- 가장자리 장식용 폭 1cm 검은색 프릴레이스 300cm
- 단추용 진주알 20알
- 스냅단추 3개
- 장식용 조화 약간

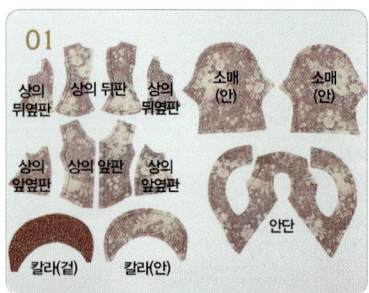

트레인 제작용 원단 분량 55×45cm를 미리 재단해둔 후, 남은 원단은 나머지 재단에 활용하세요. 상의 앞판과 앞옆판 1쌍, 상의 뒤판과 뒤옆판 1쌍, 소매 2장, 칼라 겉감 1장, 칼라 안감 1장, 안단 1장을 각각 재단해요.

상의 앞판과 뒤판의 옆판을 각각 연결해요.

옆판을 연결한 상의 패턴들을 각각 어깨선과 등 중심선에 연결한 후, 시접은 가름솔 처리하세요.

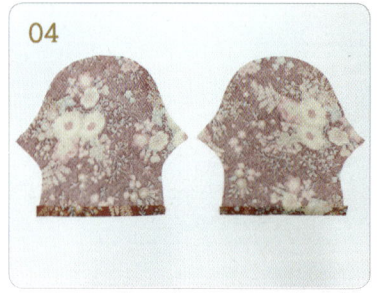

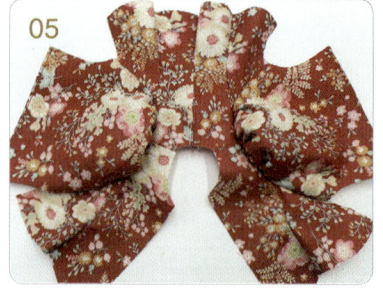

소매 패턴의 밑단 시접을 겉쪽으로 0.5cm 접어서 고운홈질로 단 처리해요.

재킷의 진동둘레 길이에 맞게 소매산을 주름홈질하여 실을 당겨 줄인 후, 겉면끼리 마주 닿게 하고 바느질로 연결해요.

안단 패턴과 칼라 겉감을 겉면끼리 마주 대고 목둘레를 연결해요. 이때 중심 기준을 잘 맞춰서 바느질로 고정해줘요.

상의와 칼라의 안감을 겉면끼리 마주 대고 목둘레를 연결하세요. 이때 중심 기준을 잘 맞춰서 바느질로 고정해요.

소매 옆선과 허리 옆선을 바느질로 연결해요. 겨드랑이 부분에 가위집을 넣어주면 뒤집은 후 모양이 뒤틀리지 않아요.

재킷의 겉면이 겉으로 나오도록 뒤집어요.

10

재킷 겉면 위에 안단 겉면이 겹치도록 하되, 패턴의 모양이 딱 맞게 겹쳐지도록 해요. 이 상태에서 재킷과 안단의 가장자리를 촘촘하게 바느질로 연결하세요. 시침핀으로 미리 고정한 후 진행하면 편해요.

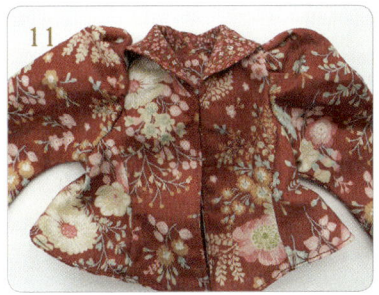

11

곡선 시접 등에 가위집을 넣어요. 안단이 재킷의 안쪽으로 들어가도록 뒤집은 후 모양이 잘 잡히도록 다림질해요.

12

검은색 프릴레이스가 재킷의 안감 쪽에서 겉으로 나오는 형태가 되도록 바느질로 둘러줘요. 이때 재킷의 뒤판 중심 밑단부터 시작하세요.

13

검은색 프릴레이스로 재킷의 여밈 부분까지 장식해요. 이 레이스로 연이어서 칼라 가장자리를 장식할 거예요.

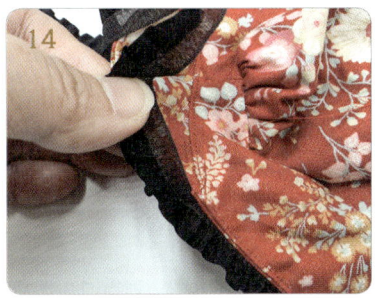

14

재킷 안쪽에 고정되었던 검은색 프릴레이스 부분을 과감하게 칼라 윗면 쪽으로 꺼내서 얹어요. 이 상태에서 칼라 가장자리를 장식해요.

15

검은색 프릴레이스가 고정된 부분을 과감하게 재킷 여밈 안쪽으로 다시 가져다 댄 후, 기존의 재킷 가장자리를 장식하는 방식대로 바느질로 고정해요.

16

소매 가장자리 안쪽에도 검은색 프릴레이스를 둘러서 바느질로 고정해 장식해줘요. 그리고 진주알 단추와 스냅단추를 달아요.

17

트레인 제작용 원단을 55×33cm 1장 재단하세요.

18

양옆과 밑단 시접을 약 1~1.5cm 정도 접어서 잘 다림질해요.

19

검은색 프릴레이스를 트레인 패턴 가장자리 안쪽에 대고 프릴이 겉으로 나오도록 바느질로 고정해요. 실은 트레인 원단과 비슷한 계열로 사용하세요.

20

윗단 시접을 0.5cm 정도 두고 2줄의 실로 주름홈질해서 실을 바짝 당겨 매듭지어요.

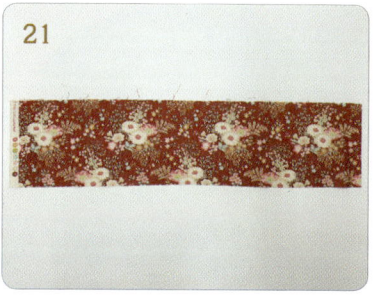

21

트레인을 제작하고 남은 원단(약 55×12cm)을 모두 사용하여 트레인과 재킷을 이어주는 리본 모양을 제작할 순서예요.

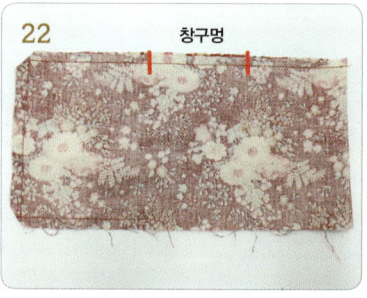

22   창구멍

남은 원단을 반으로 접어서 적당한 위치에 창구멍을 약 4~5cm 남기고 둘레를 꿰매요.

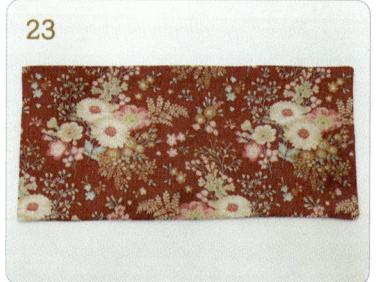

23

모서리 시접에 가위집을 넣은 후 뒤집어주고 모양을 잘 살려서 다림질해요.

24

비슷한 방식으로 검은색 프릴레이스를 리본 패턴 가장자리 안쪽에 대고 겉으로 프릴이 나오도록 바느질로 고정해요. 실은 트레인 원단과 비슷한 계열로 사용하세요.

25

중심 세로선을 주름홈질하여 실을 바짝 당겨요.

26

제작해둔 트레인 윗부분에 리본 장식을 바느질로 튼튼하게 달아요. 완성한 트레인을 재킷 뒤판의 밑단 중심에 바느질로 단단히 고정하세요.

27

준비한 조화 몇 개를 글루건을 사용해 리본 중심에 장식해주면 완성이에요.

Item 3
버슬 필로

버슬 스타일의 히프 실루엣을 살리는 데 큰 역할을 하는
버슬 필로를 간단하게 만들어봐요.

실물 크기 도안 p.179

재 료
- 버슬 필로 제작용 자수레이스 원단 18×30cm
- 가장자리 장식용 폭 3cm 프릴레이스 30cm
- 가장자리 장식용 폭 1.5cm 프릴레이스 30cm
- 장식용 레이스 테이프 40cm
- 장식용 진주알 약간
- 허리띠용 폭 2cm 토션레이스 테이프 50~60cm
- 솜 30g 정도

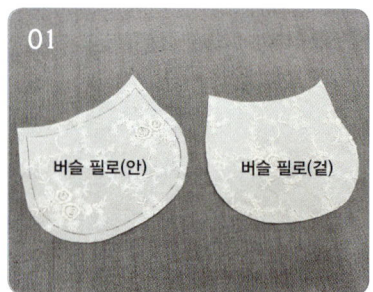

01

패턴을 보고 버슬 필로 2장 재단해요.

02

패턴에 표시된 대로 창구멍을 남기고 가장 자리는 박음질해요.

03

폭신폭신한 느낌이 들도록 솜을 채워요. 솜 을 너무 적게 넣거나 많이 넣어서 딱딱하게 되지 않도록 유의하세요.

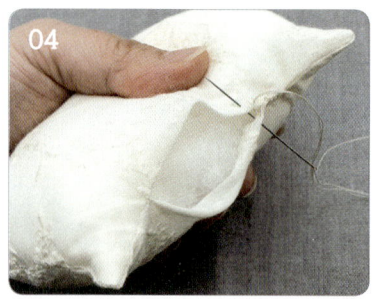

04

솜을 채운 후, 창구멍을 감침질이나 공그르 기로 막아요.

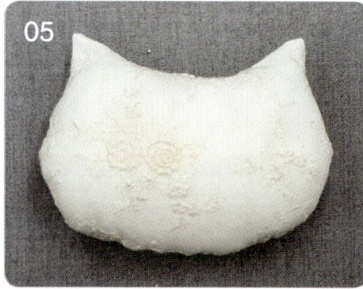

05

솜이 채워진 버슬 필로 본체 모습이에요.

06

폭 3cm의 프릴레이스를 버슬 필로 가장자리 에 바느질로 고정하여 장식해요. 이때 창구 멍 부분을 포함해 허리 뒤에 닿는 부분은 레 이스 장식을 하지 않아요.

07

폭 3cm 프릴레이스로 가장자리 장식을 완 성한 모습이에요.

08

폭 3cm 프릴레이스가 고정된 부분에 폭 1.5cm 프릴레이스를 겹쳐서 바느질로 고정해 요. 레이스가 2겹이 되어 포실포실하고 사랑 스러운 느낌이에요.

09

레이스 테이프로 리본 모양을 접은 후, 버 슬 필로 가장자리 중심 부분에 바느질로 고 정해서 장식해줘요.

장식한 리본 매듭 중심에 바느질로 진주알을
3알 정도 달아서 포인트 장식을 해요.

허리끈용 토션레이스를 반으로 자르고 버슬
필로 양쪽 끝 모서리에 바느질로 단단히 달
아주면 완성이에요.

Plus Item 깃털 모자

버슬 드레스와 재킷에 어울리는 멋진 모자를 만들어봐요.

재 료

- 지름 8cm 검은색 모자 프레임
- 스커트와 동일한 원단 27×4.5cm
- 의상 장식에 사용되었던 조화 및 깃털 약간

How to Make

재단한 원단을 위아래 시접 1cm 정도 폭으로
접어서 다림질해요.

원단을 모자 프레임 겉면에 깔끔하게 둘러
요. 그리고 원단 양 끝부분이 만나는 지점을
실리콘 글루건을 사용해 고정하세요.

조화와 깃털 장식을 글루건을 사용해 고정
해요. 이때 원단의 이음 부분을 장식으로 가
려주면 더욱 깔끔해 보여요.

Item 4
토트백

데데가 외출할 때 들고 나갈 수 있도록 귀여운 토트백을 만들어봐요.

재 료

- 검은색 원단 15×15cm
- 솜 또는 지름 5cm 스펀지볼
- 핸들용 레이스 띠 11cm(재킷 가장자리 장식용 레이스와 동일하면 좋음)
- 폭 3cm 검은색 프릴레이스 15cm
- 조화 약간

01

검은색 원단으로 지름 13cm 정도의 원형을
재단해요.

02

가장자리 시접을 0.5cm 정도 두고 주름홈질
한 후, 실을 조금 당겨 오므리고 안에 솜이나
스펀지볼을 넣어요.

03

주름홈질한 실을 더 당겨서 완전히 오므리
게 한 후 매듭지어 고정해요.

04

핸들용 레이스 띠를 반으로 접어서 토트백
입구 쪽에 바느질로 고정하세요.

05

폭 3cm 검은색 프릴레이스의 윗단을 주름홈
질하여 더욱 풍성한 프릴로 만든 후, 토트백
입구에 돌려주며 바느질로 고정해줘요.

06

폭 3cm 프릴레이스로 토트백 입구를 장식하
면 토트백 입구의 시접이나 핸들을 고정한 부
분도 가려지면서 장식 효과를 볼 수 있어요.

07

의상 장식에 사용한 것과 같은 조화를 글루
건으로 토트백 입구에 고정하면 완성이에요.

Hepburn in Checked Coat

체크 코트를 입은 헵번

제 이름은 오드리 헵번이에요.

오늘은 모처럼 촬영이 없는 날이지요.

요즘 유행하는 H라인의 심플한 미니드레스 위에 A라인 모직 코트를 입고

사랑하는 어린 친구들을 만나러 외출하려고 해요.

앗, 그런데 날씨가 왜 이리 추운가요? 어느새 겨울이 오려나 봐요.

이럴 땐 스카프를 두르고 끈 달린 벙어리장갑도 껴야 해요.

친구들과 보낼 즐겁고 행복한 시간이 기대되네요. 늦기 전에 어서 나가봐야겠어요!

H라인 미니드레스 + A라인 코트 +

도트 패턴 삼각스카프 + 끈 달린 울장갑 + 플랫슈즈

H라인 미니드레스

코트 안에 이너 아이템으로 입기 좋은 H라인 미니드레스.
50~60년대 스타일의 심플하면서도 빈티지한 의상을 만들어봐요

실물 크기 도안 p.180

재 료

- 미니드레스 제작용 면 원단 70×325cm
- 안감 원단 25×12cm
- 앞 중심 장식용 단추 5개
- 스냅단추 2개

드레스 앞판 상의 1장, 스커트 1장, 드레스 뒤판 대칭 1쌍, 안감 앞판 1장, 안감 뒤판 1쌍을 재단하세요.

드레스 앞판 스커트의 앞 중심에 맞주름을 잡은 후 다림질해요.

주름이 고정되도록 윗단을 바느질로 살짝 고정해줘요.

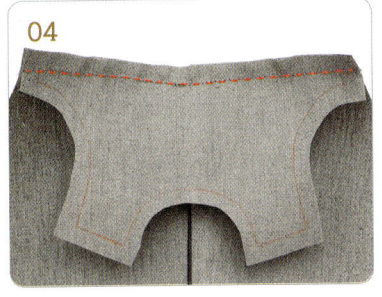

맞주름을 잡은 스커트와 상의를 연결해요.

상의와 스커트 연결 시접이 상의 쪽으로 가도록 해줘요.

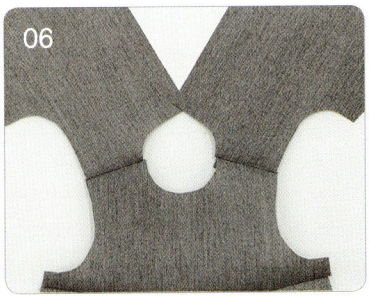

드레스 앞판과 뒤판의 어깨선을 각각 연결하고 어깨선 시접은 가름솔로 처리해요.

안감의 앞판과 뒤판 모두 밑단의 시접을 접고 바느질로 단 처리해요.

안감의 앞판과 뒤판의 어깨선을 각각 연결하고 어깨선 시접은 가름솔로 처리해요.

드레스의 겉감과 안감을 잘 맞춰서 겹친 후, 뒤여밈선과 진동둘레를 촘촘한 바느질로 연결해요.

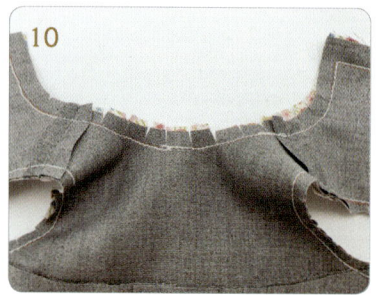

목둘레와 진동둘레의 곡선 모양 시접에 가위
집을 넣어요.

겉감과 안감의 겉이 바깥으로 나오도록 뒤집
어서 모양을 잘 잡은 후 다림질해요.

드레스 겉감의 앞판과 뒤판의 양쪽 옆선을
겉끼리 마주 대고 바느질로 연결하고, 안감
의 앞판과 뒤판의 양쪽 옆선도 겉끼리 마주
대고 바느질로 연결해요.

겉면이 겉으로 나오도록 뒤집은 모습이에요.

안이 바깥으로 나오도록 뒤집은 후 안감이
덮이지 않은 겉감의 뒤 중심선을 바느질로
연결하고 시접은 가름솔 처리해요.

뒤 중심선을 연결한 후, 밑단을 시접선대로
접어서 고운홈질하거나 재봉틀로 단 처리
해줘요.

겉감이 겉으로 나오도록 한 후 스냅단추를
달아요.

드레스 앞 중심에 심플한 단추를 5개 정도
조르르 달아주면 완성이에요.

Item 2
A라인 코트

헵번이 즐겨 입었던 프린세스 라인이 들어간
래글런 소매의 A라인 코트를 만들어봐요.

실물 크기 도안 p.183

재 료

- 코트 제작용 울체크 원단 70×45cm
- 안감용 울트윌 원단 70×45cm
- 포인트 색이 될 수 있는 지름 0.5cm 단추 3개
- 스냅단추 4개

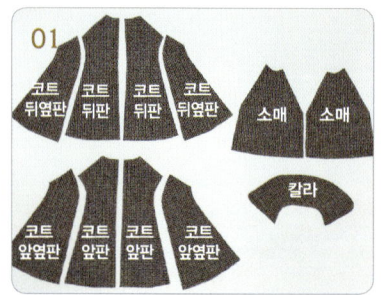

코트 앞판과 앞옆판 각 1쌍, 코트 뒤판과 뒤옆판 각각 1쌍, 소매 대칭으로 1쌍, 칼라 겉감 1장 재단하세요.

코트 앞판과 뒤판의 옆판을 각각 연결해요.

코트 뒤판의 등 중심선을 연결한 후, 전체 패턴을 연결하기 전에 미리 배치해보면 실수를 예방할 수 있어요. 언뜻 보면 소매가 대칭 패턴인 것 같지만, 앞판과 뒤판의 연결선이 다르니 이때 꼭 점검하세요.

각 패턴을 연결해서 래글런 소매가 잘 고정되도록 해줘요.

울트윌 안감 원단도 겉감과 동일한 방법으로 재단한 후 연결해요. 안감 재단 시 안감 원단으로 칼라 1장을 반드시 재단하세요.

칼라의 겉감과 안감을 겉면끼리 마주 대고 목둘레를 창구멍으로 남긴 채 둘레를 바느질로 연결해요.

칼라 겉면이 겉으로 나오도록 뒤집어요.

칼라 가장자리를 깔끔하게 홈질하거나 재봉틀로 상침해요.

칼라를 겉감의 목둘레 위에 모양을 잘 맞춰서 올려놓고, 간단한 시침질로 고정하세요.

10

칼라를 달아준 겉감 위에 안감을 올려두되, 겉감과 안감의 겉면끼리 마주 닿도록 모양을 잘 맞추고 시침핀으로 고정해요.

11

양쪽 소매의 옆선과 소맷산의 선을 촘촘한 홈질로 연결하고, 목둘레와 앞여밈선도 촘촘한 홈질로 연결해줘요.

12

겉면이 겉으로 나오도록 뒤집어요. 소매를 제외한 코트의 겉감과 안감의 양쪽 옆선, 그리고 밑단이 연결되지 않은 상태임을 알 수 있어요.

13

코트 겉감의 앞판과 뒤판의 양쪽 옆선을 겉끼리 마주 대고 바느질로 연결해요. 그리고 코트 안감의 앞판과 뒤판의 양쪽 옆선도 겉끼리 마주 대고 바느질로 연결해줘요. 원피스 옆선의 연결 원리와 동일해요.

14

겉감과 안감의 옆선이 연결된 상태예요. 아직 소매 옆선과 밑단은 처리되기 전이에요.

15

코트의 여밈선과 목둘레선을 깔끔하게 상침하세요.

16

코트 겉감과 안감의 밑단 시접을 안으로 접어 넣어 시침핀이나 시침질로 단 시접이 풀리지 않도록 고정해요.

17

코트의 여밈 부분과 동일한 느낌으로 코트의 밑단도 상침해줘요.

18

소매 옆선의 겉감 가장자리의 선을 잘 맞춰서 공그르기로 연결해요.

10

포인트가 되는 색감의 단추 3개를 앞여밈 윗
부분에 장식해줘요.

11

코트 여밈이 될 수 있도록 스냅단추 4개 정
도를 패턴의 간격을 참고하여 달아주면 완성
이에요.

Plus Item 도트 패턴 삼각스카프

무채색 의상에 사랑스러운 패션 포인트가 되어줄
귀여운 삼각스카프를 만들어봐요.

재료
• 스카프 제작용 원단 50×40cm

How to Make

01

스카프 원단을 가로로 길게 펼치고, 중간 지
점을 반으로 접으면 50×20cm 정도의 크기
가 돼요. 양쪽 위 꼭짓점에서 밑단의 중심점
을 이어서 사선으로 잘라내면 다이아몬드 형
태의 마름모가 재단되죠.

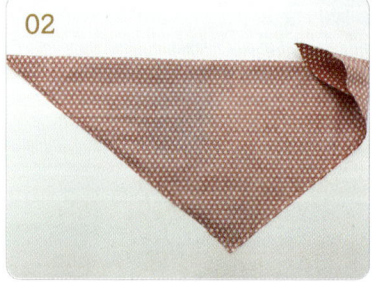

02

사진과 같이 겉면끼리 마주 대고 박음질한
한쪽에 창구멍을 남겨두세요.

03

스카프 모서리 3곳의 뾰족한 시접 부분을
가위로 잘라낸 후, 창구멍을 통해 뒤집어서
다림질해요. 밑부분의 V자 라인만 고운홈질
이나 재봉틀로 상침하면 스카프 완성이에요.

Item 3
끈 달린 울장갑

쌀쌀한 날씨에 손을 따스하고 포근하게 보호해줄 울장갑을 만들어봐요.

실물 크기 도안 p.185

재료

- 장갑 제작용 울트윌 원단 30×18cm
- 면자수실 취향에 맞게 약간
- 오시도리면끈 또는 얇은 스트링 40cm

01

준비한 원단을 반으로 나누어서 펼치면 대략 장갑 패턴의 넉넉한 4배 크기가 돼요. 장갑 2짝을 만들기 위해 같은 크기의 원단을 2장 준비하세요.

02

가로로 반을 접고 다시 세로로 반을 접어요. 사진은 가로로 반을 접은 모습이에요.

03
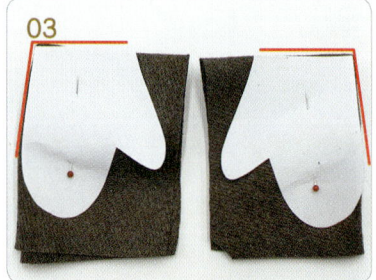

세로로 반을 접은 상태에서 장갑의 등 부분이 원단의 접힌 라인에 바짝 접하도록, 그리고 장갑 목 부분은 원단 윗단의 접힌 선에 바짝 접하도록 올려두고 시침핀으로 고정해요.

04
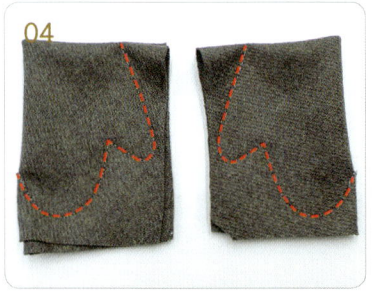

엄지와 손가락 부분을 아우르는 선만 촘촘한 바느질로 연결하세요.

05
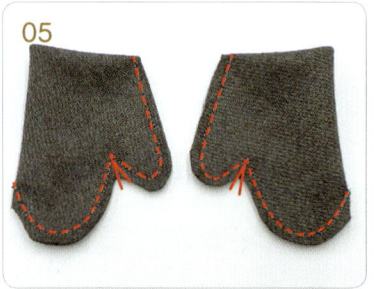

시접 0.4cm 정도 남기고 잘라내요. 엄지가 시작되는 꺾인 시접에는 가위집을 살짝 넣어 줘요.

06

겸자 등의 도구를 이용하여 장갑을 뒤집어요.

07

원하는 색실로 간단한 프랑스 자수와 포인트 장식을 넣어요.

08

준비한 끈을 장갑에 바느질로 고정하면 완성이에요.

Item 4
플랫슈즈

언제든 편안하게 신을 수 있는 데일리 슈즈인 플랫슈즈를 만들어봐요.

실물 크기 도안 p.186

재료

- 신발 겉감 20×12cm
- 신발 안감 27×12cm
- 신발 바닥 판지 10×8cm
- 신발 밑창용 두꺼운 펠트지 13×8cm
- 간단한 장식용 레이스나 리본 등

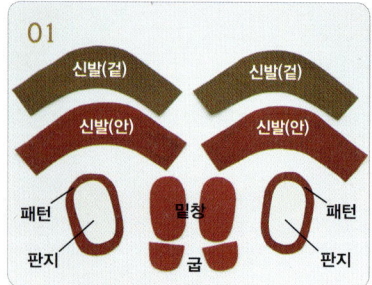

01

신발(겉) 신발(겉)
신발(안) 신발(안)
패턴   밑창   패턴
판지   굽   판지

신발 겉감 2장, 신발 안감 2장, 신발 바닥 패턴 2장, 신발 바닥 패턴 위에 놓인 판지 2장, 두꺼운 펠트 밑창과 굽을 1쌍씩 재단하세요.

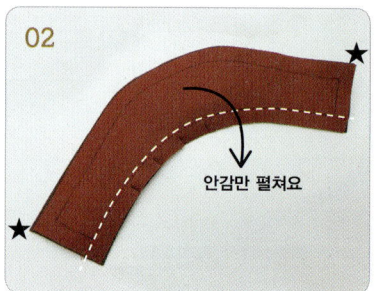

02

안감만 펼쳐요

신발 본체의 겉감과 안감을 겉끼리 마주 대고 안쪽 곡선 부분을 바느질한 후 가위집을 넣어요. 그리고 겉감은 그대로 두고 안감을 밑으로 접어 내려요.

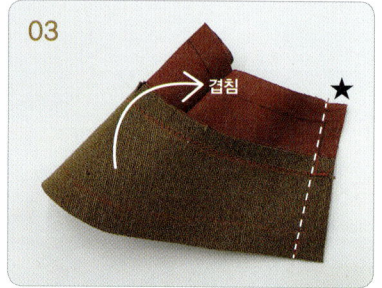

03

겹침

신발 본체의 겉면끼리 마주 닿도록 뒤축을 겹쳐서 사진의 완성선(★)대로 바느질해요. 그런 후 겉감을 위로 접어 올려서 안감과 겹쳐지게 해요. 나머지 신발 한 짝도 같은 방법으로 만들어요.

04

신발 바닥 패턴의 가장자리를 주름홈질하고 판지 바닥을 안에 넣은 후 실을 바짝 당겨 감싸요.

05

신발의 밑부분이 위로 오게 하고, 판지를 감싼 신발 바닥을 신발 안쪽 뒤축 부분에 글루건으로 살짝 고정해요. 신발 본체의 시접선에 신발 바닥을 고정하는 거예요.

06

신발 본체의 바닥 쪽 시접 부분을 주름홈질하고 실을 당기면 판지를 감싼 신발 바닥을 자연스럽게 감싸듯 모양이 잡혀요.

07

신발 바닥에 실리콘 글루를 고루 펴 바른 후 굳기 전에 두꺼운 펠트 신발 밑창을 적절한 위치에 발라요. 굽도 글루건을 이용해 추가로 붙여요.

08

신발 앞축 가장자리의 선 3cm 정도를 주름홈질해서 당겨주면 여성스러운 셔링이 잡히게 돼요.

09

셔링 위에 의상에 어울리는 레이스 장식이나 리본 등으로 포인트를 주면 완성이에요.

Patterns

일러두기

* 이 책에 실린 작품의 실물 크기 도안을 제공합니다.

* 100% 그대로 복사해서 오려서 쓰거나, 패턴지에 실물 크기 도안을 본떠서 작업할 수 있습니다.

* 본을 뜬 패턴 아래에 원단을 깔고 시침핀을 고정한 후에 재단하면 됩니다.

* ———— 실선은 재단선, —·—·— 파선은 접는 선, ----- 점선은 완성선입니다.

* 재단한 후 바느질하기 전, 시접에 따라 완성선, 중심, 앞뒤 등을 패브릭용 수성 사인펜으로 체크한 후 작업하세요.

* ⟩ 골선 표시가 되어 있는 패턴은 좌우 대칭이 되도록 원단을 안끼리 맞닿게 접어놓고, 그 위에 본을 뜬 패턴지의 골선을 잘 맞춰서 시침핀으로 고정한 후 재단하면 됩니다.

* 치마나 레이스 등 사각형(정사각/직사각)이 되는 원단들은 도면이 없고, 각 부분에 사이즈 및 확인을 위한 페이지가 표시되어 있으니 참고하세요.

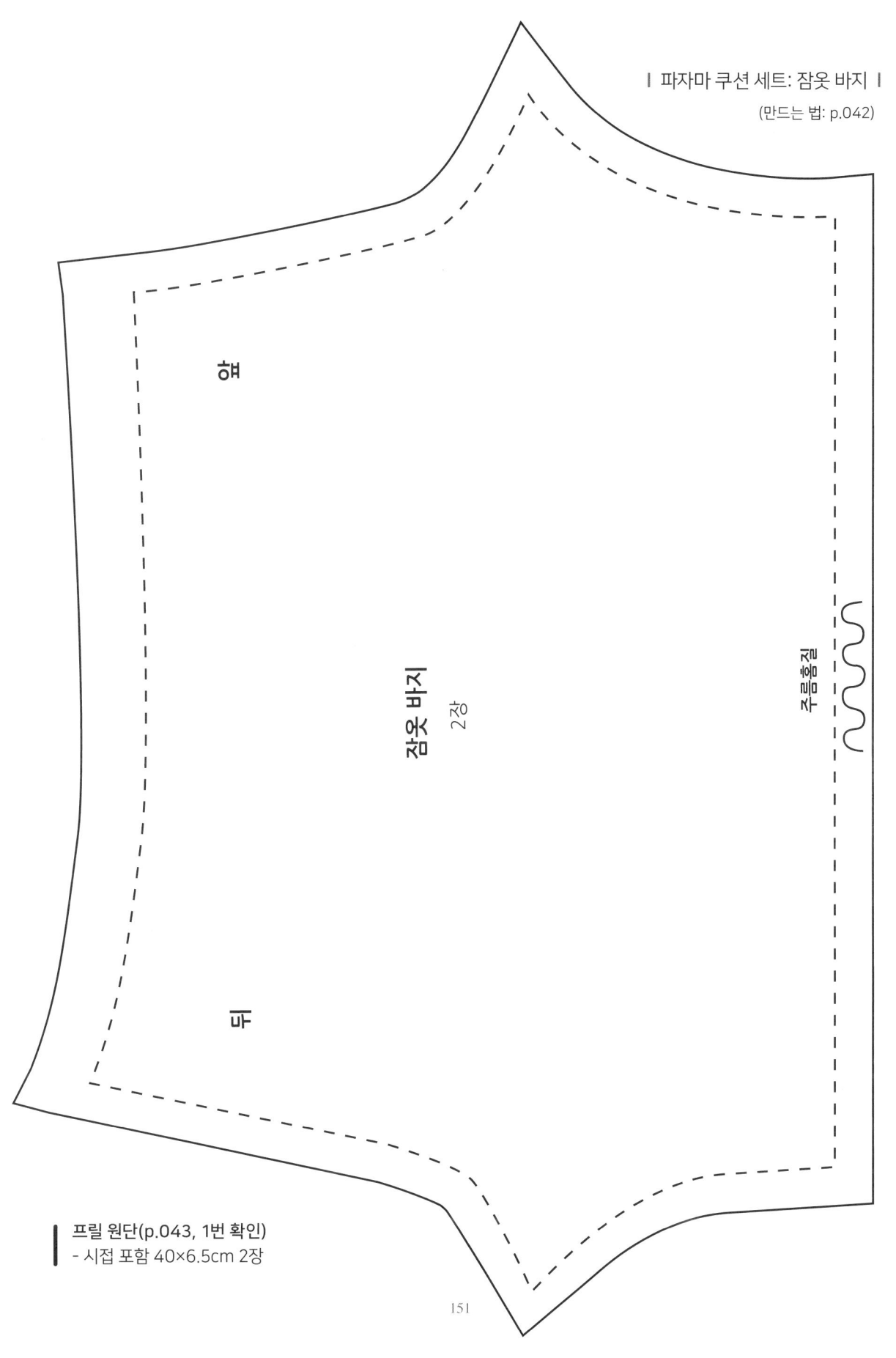

┃ 파자마 쿠션 세트: 잠옷 바지 ┃
(만드는 법: p.042)

해

잠옷 바지
2장

주름홈질
주름홈질

단

프릴 원단(p.043, 1번 확인)
- 시접 포함 40×6.5cm 2장

| 파자마 쿠션 세트: 잠옷 드레스 |
(만드는 법: p.045)

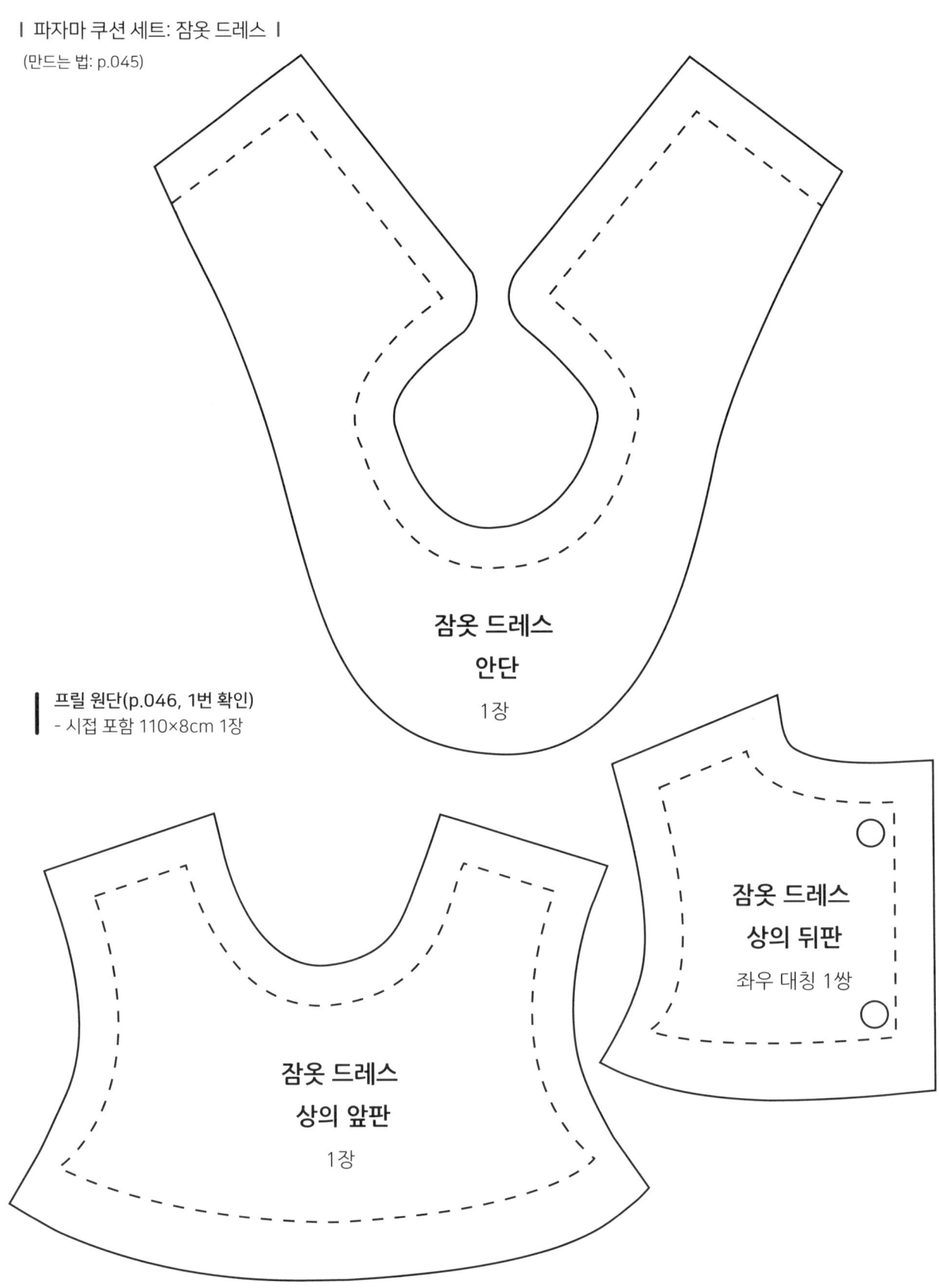

잠옷 드레스
안단

1장

프릴 원단(p.046, 1번 확인)
- 시접 포함 110×8cm 1장

잠옷 드레스
상의 뒤판

좌우 대칭 1쌍

잠옷 드레스
상의 앞판

1장

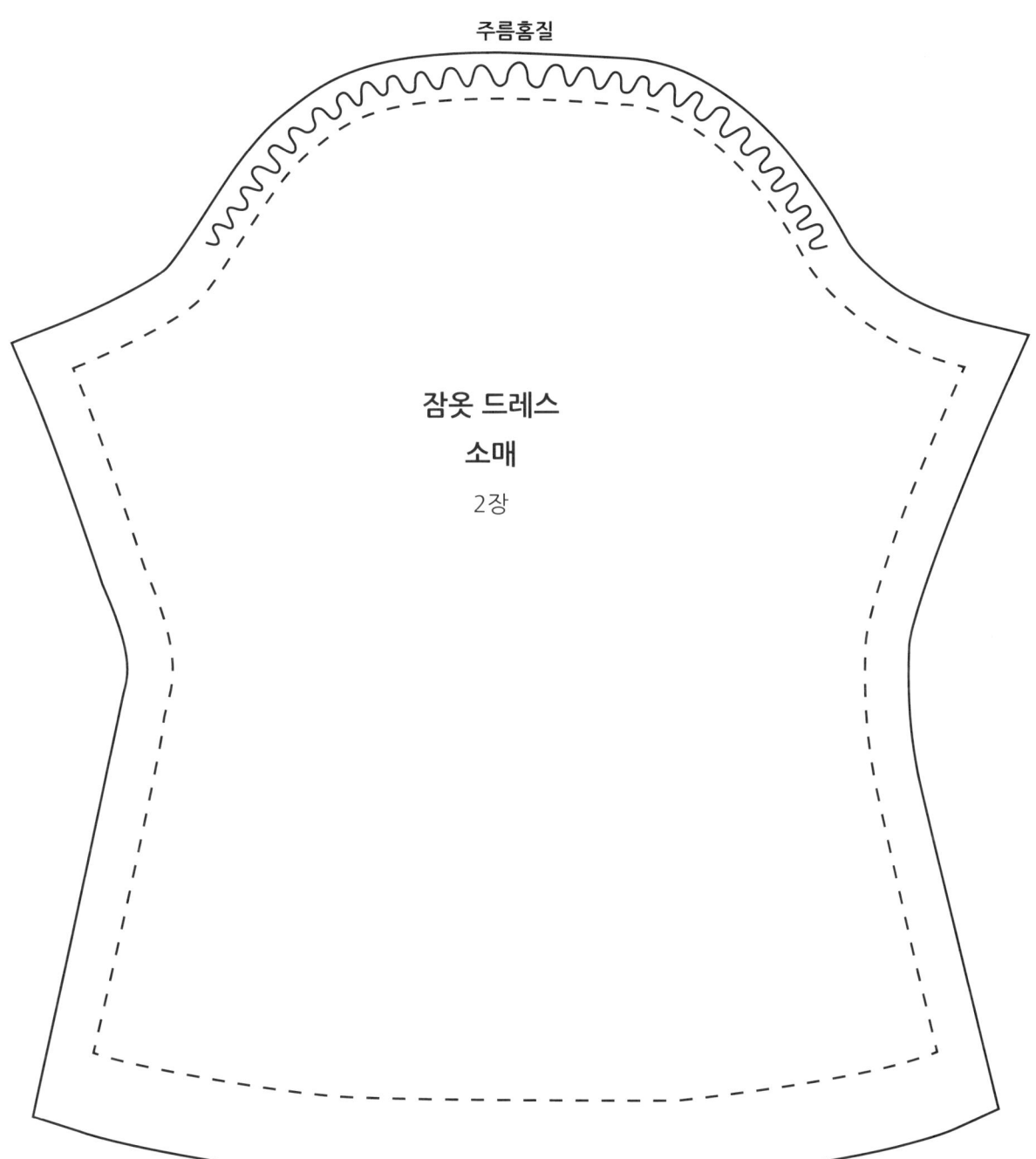

주름홈질

잠옷 드레스
소매

2장

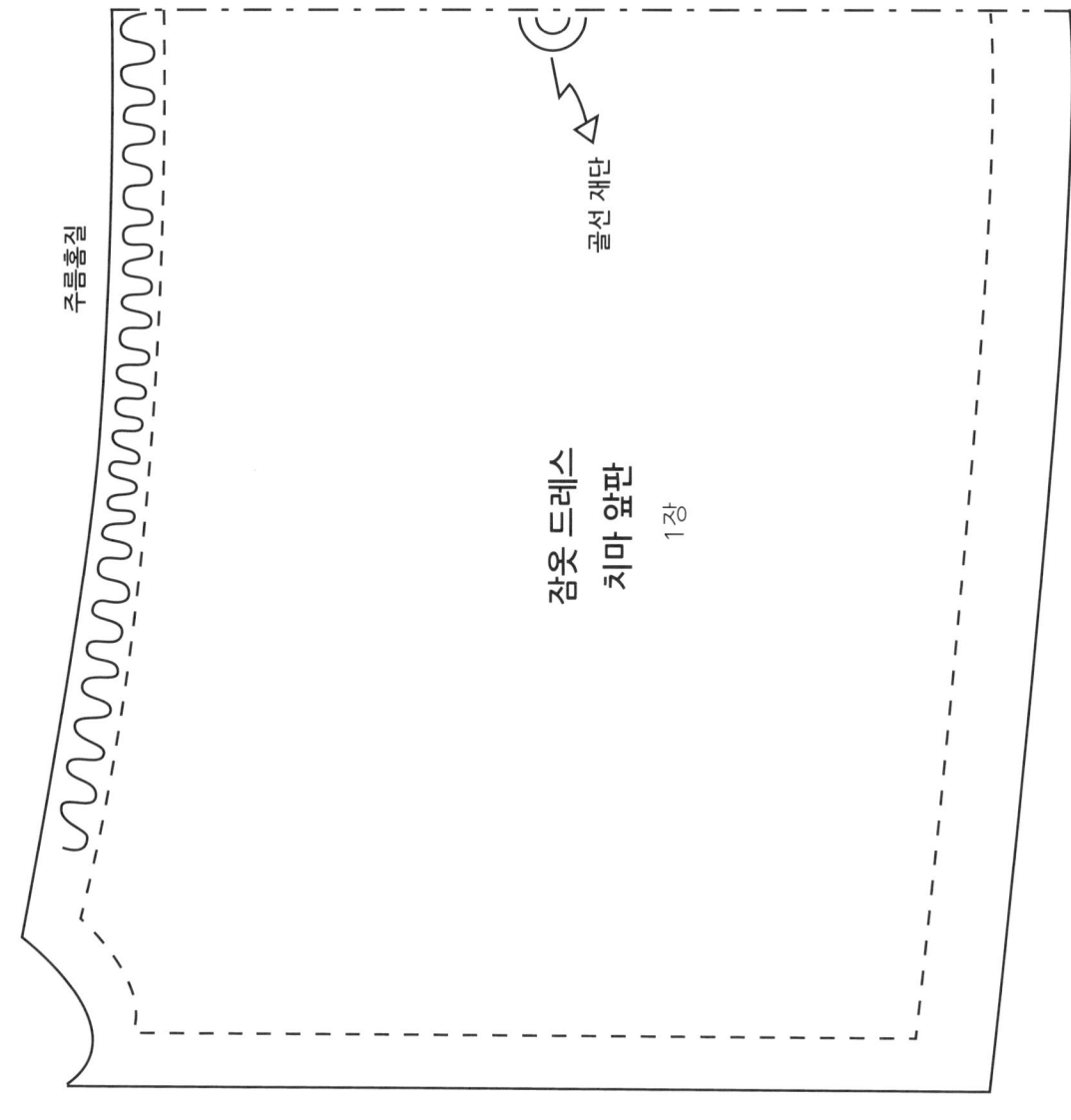

잠옷 드레스
치마 앞판
1장

곡선 재단

주름홑집

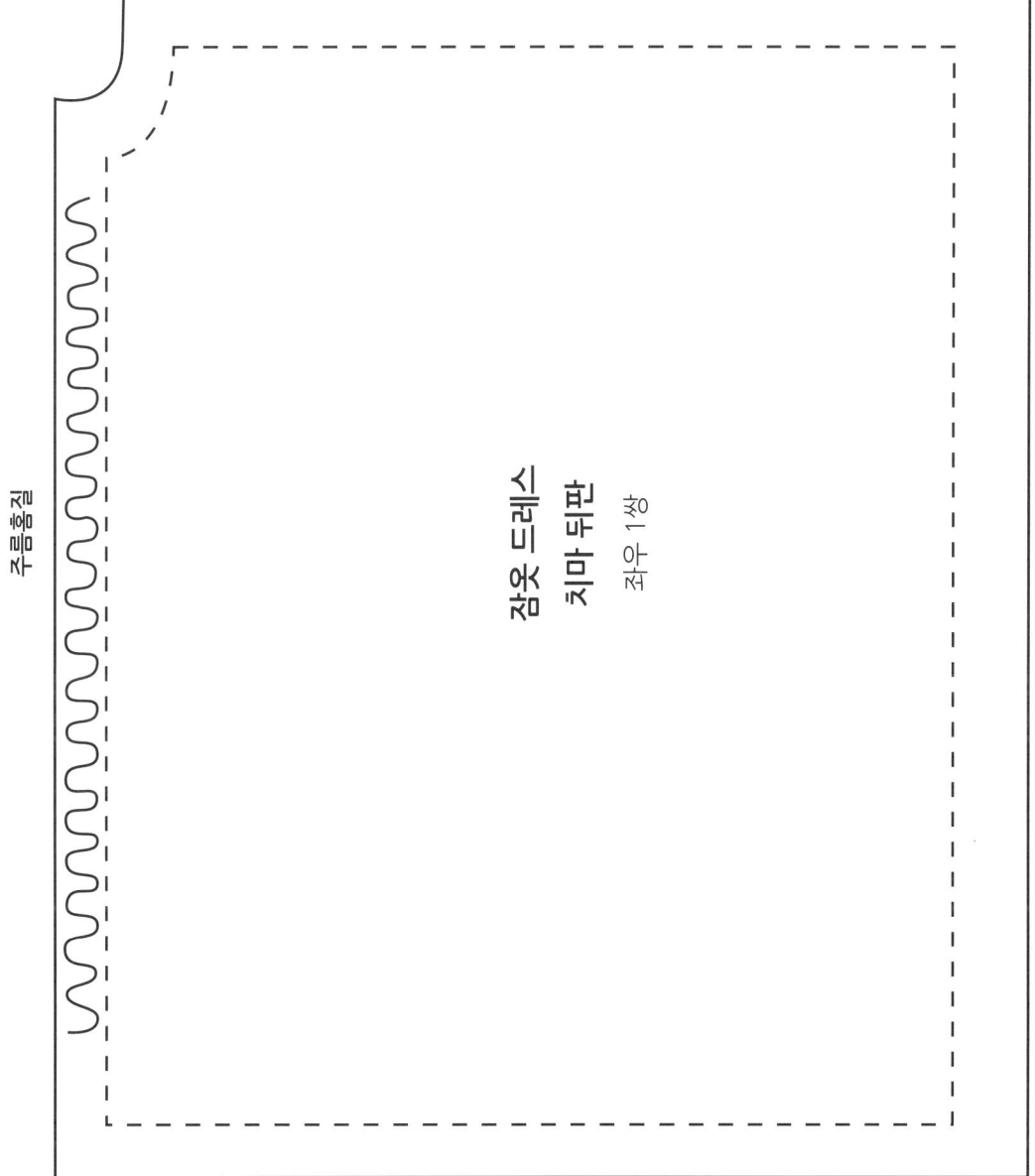

주름홑질

잠옷 드레스
치마 뒤판
좌우 1쌍

(만드는 법: p.048)

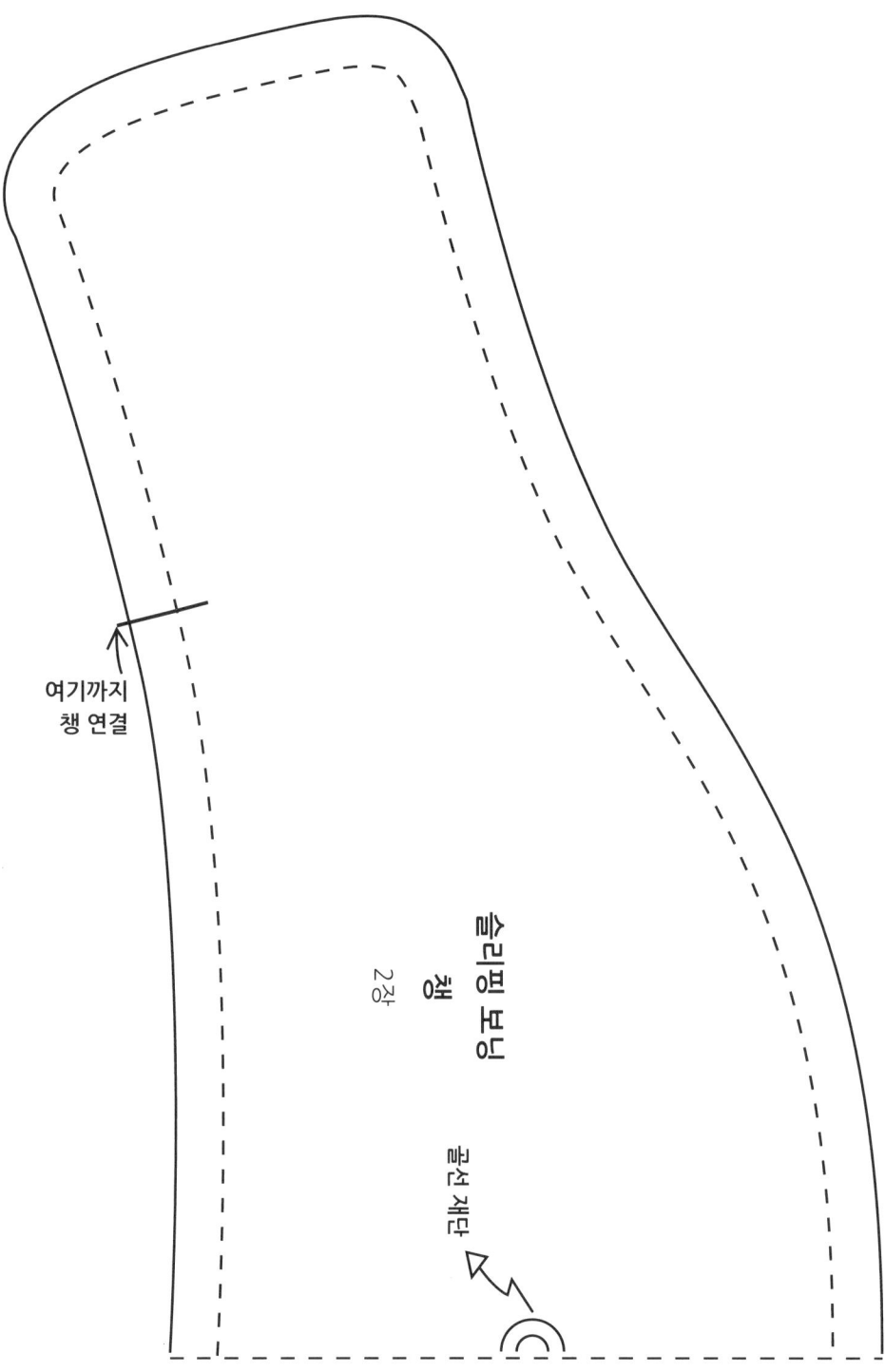

여기까지
챙 연결

슬리핑 보닛
챙
2장

골선 재단

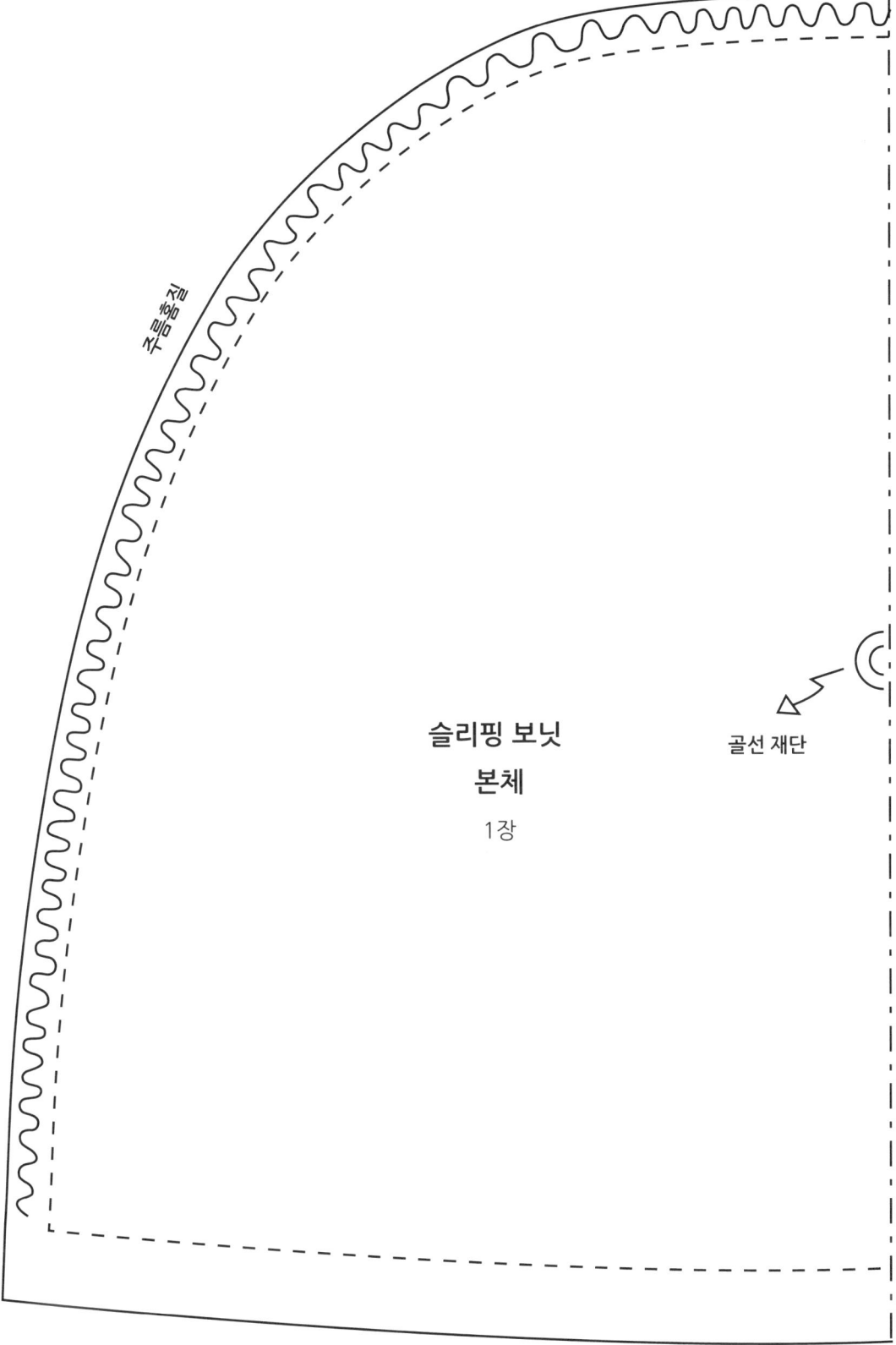

슬리핑 보닛
본체

1장

주름홈질

골선 재단

| 데일리 드레스 세트: 앤티크 드로어즈 |

(만드는 법: p.054)

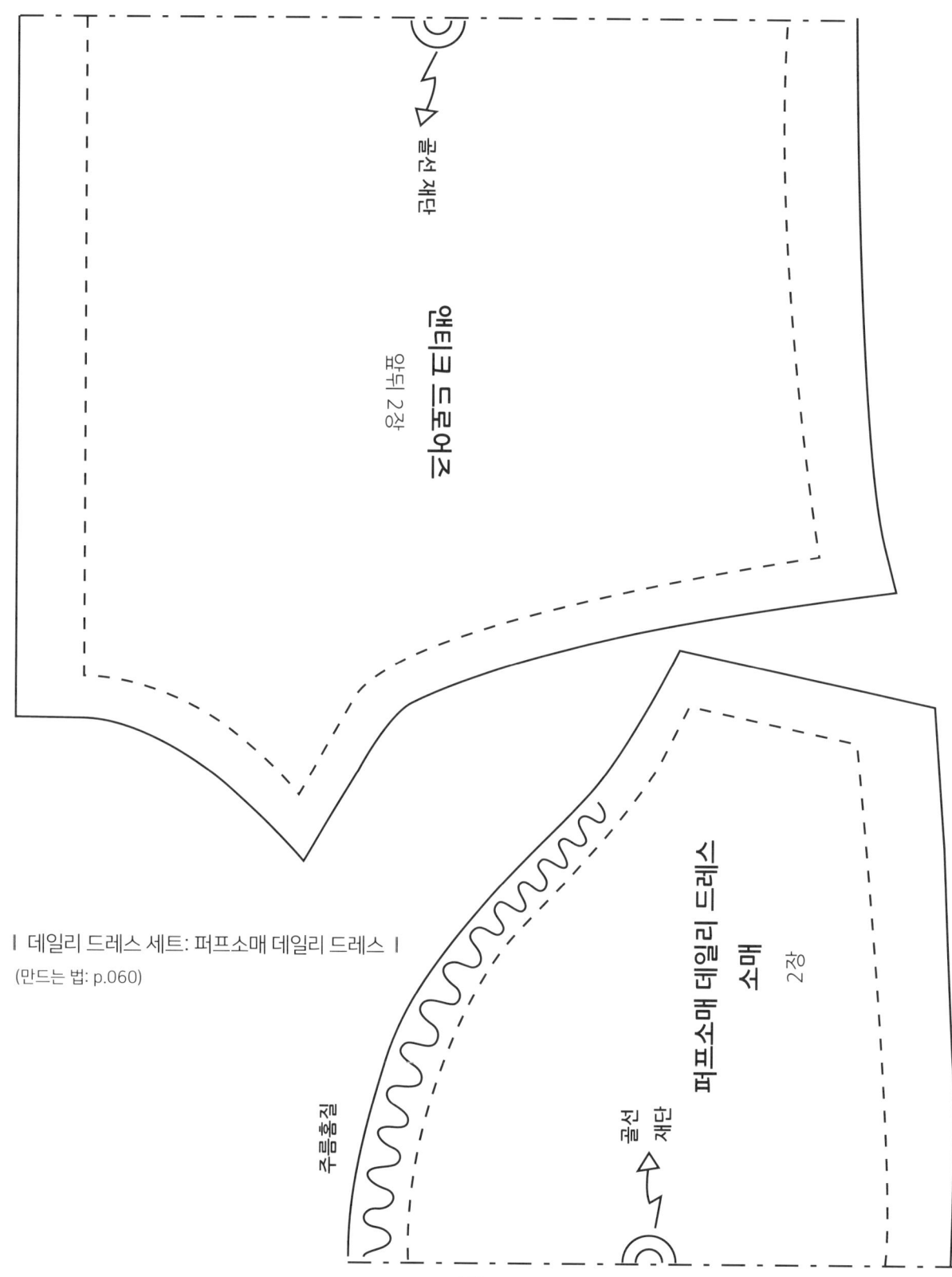

앤티크 드로어즈
앞뒤 2장

골선 재단

| 데일리 드레스 세트: 퍼프소매 데일리 드레스 |

(만드는 법: p.060)

퍼프소매 데일리 드레스
소매
2장

골선 재단

주름홈질

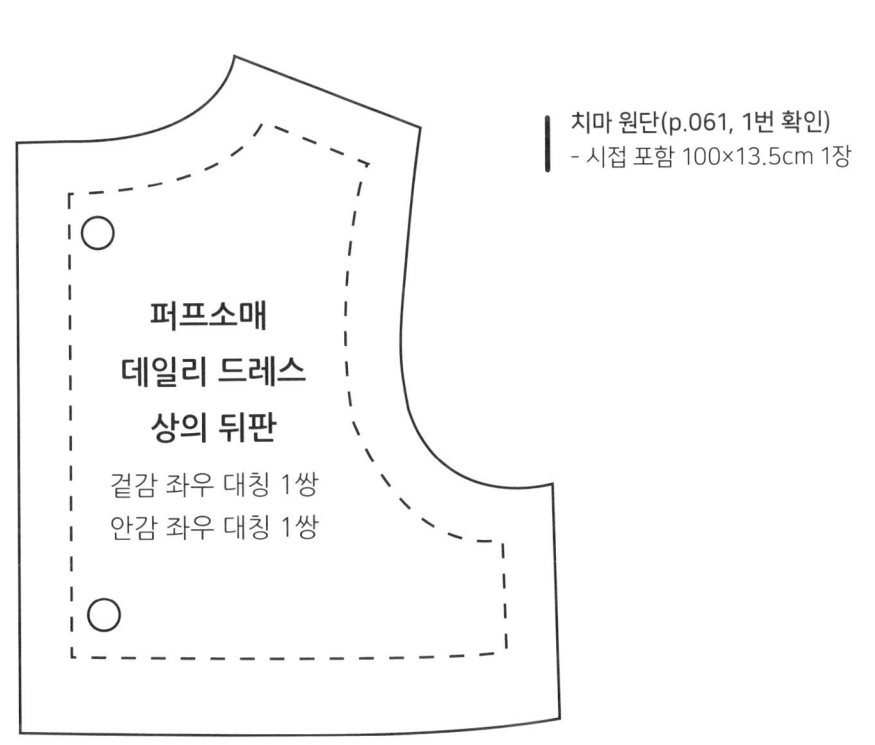

**퍼프소매 데일리 드레스
상의 앞판**

겉감 1장
안감 1장

**퍼프소매
데일리 드레스
상의 뒤판**

겉감 좌우 대칭 1쌍
안감 좌우 대칭 1쌍

치마 원단(p.061, 1번 확인)
- 시접 포함 100×13.5cm 1장

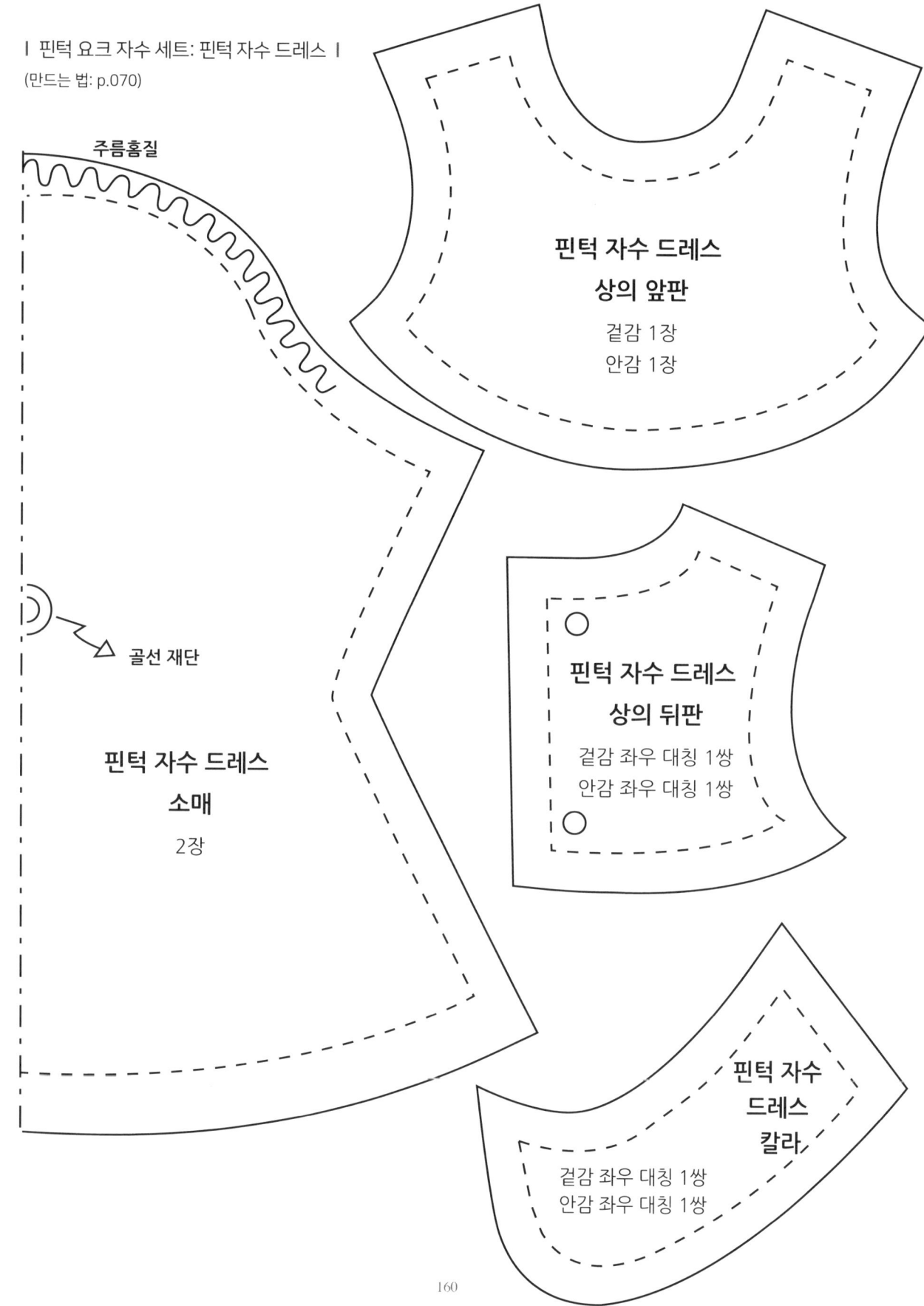

주름홈질

골선 재단

핀턱 자수 드레스
소매

2장

핀턱 자수 드레스
상의 앞판

겉감 1장
안감 1장

핀턱 자수 드레스
상의 뒤판

겉감 좌우 대칭 1쌍
안감 좌우 대칭 1쌍

핀턱 자수
드레스
칼라

겉감 좌우 대칭 1쌍
안감 좌우 대칭 1쌍

주름홈질

진동 연장선

골선 재단

핀턱 자수 드레스
치마 앞판

1장

(만드는 법: p.070)

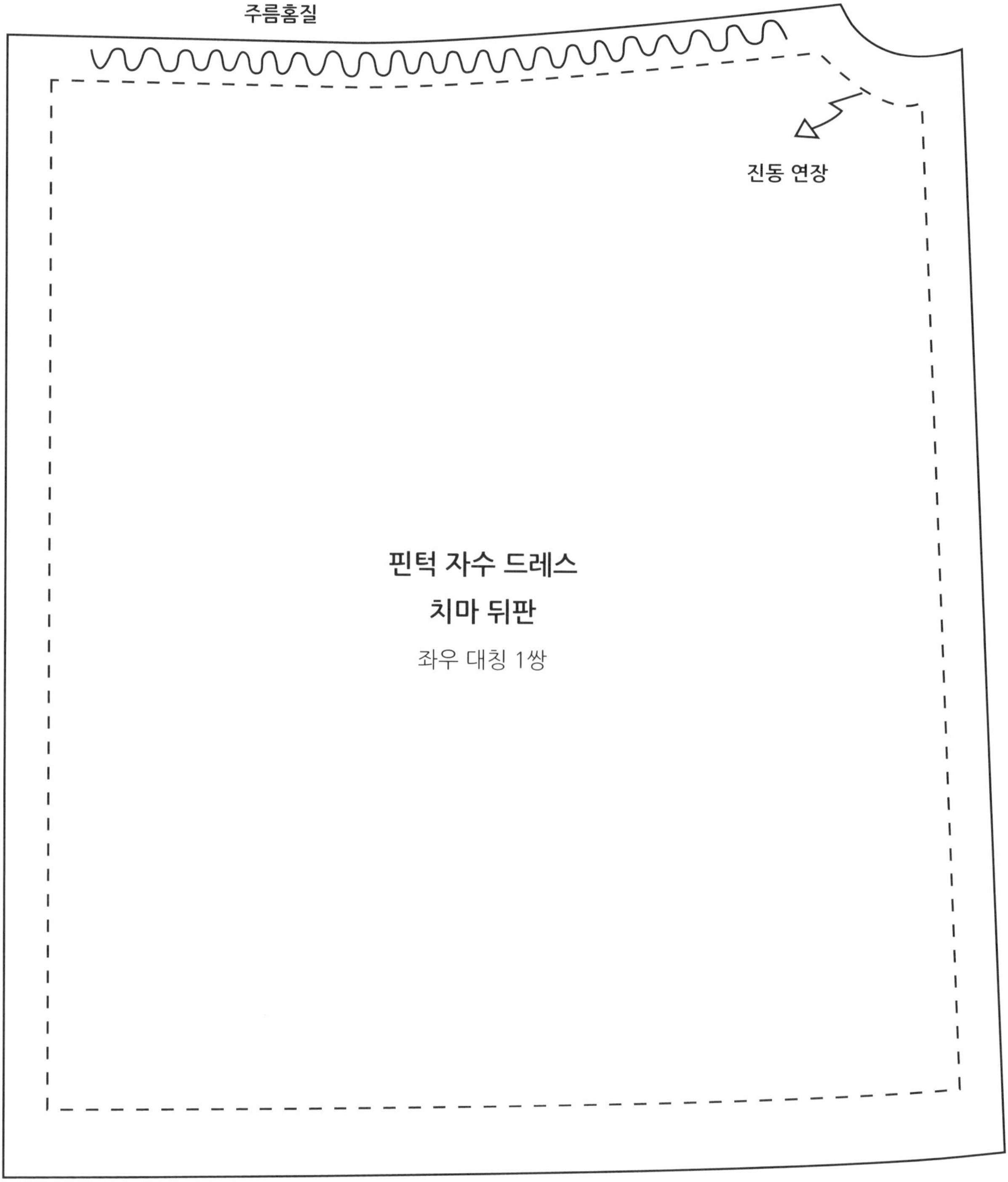
주름홈질
진동 연장
핀턱 자수 드레스
치마 뒤판
좌우 대칭 1쌍

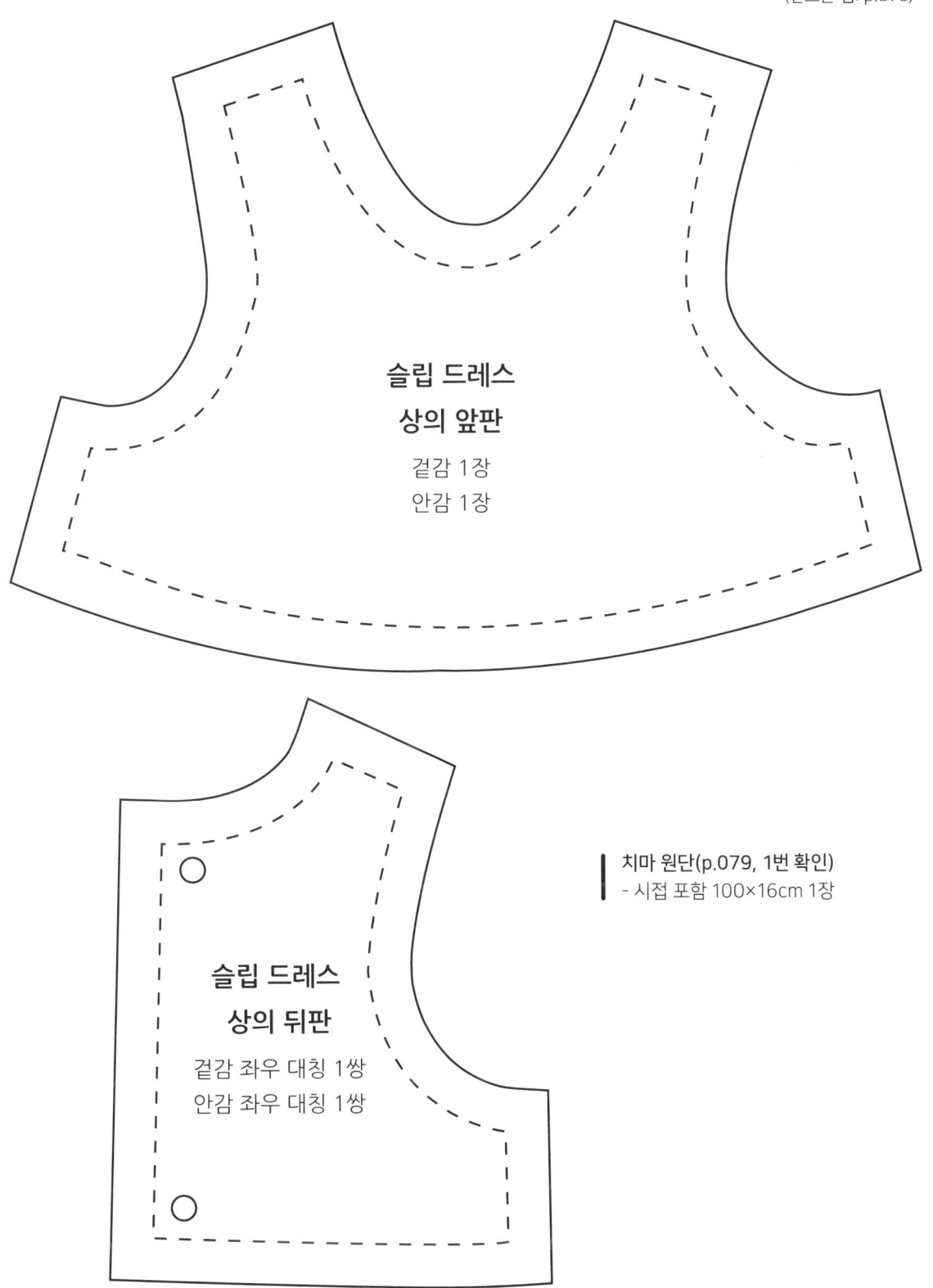

슬립 드레스
상의 앞판

겉감 1장
안감 1장

치마 원단(p.079, 1번 확인)
- 시접 포함 100×16cm 1장

슬립 드레스
상의 뒤판

겉감 좌우 대칭 1쌍
안감 좌우 대칭 1쌍

(만드는 법: p.081)

부푼 소매 드레스
상의 앞판
겉감 1장
안감 1장

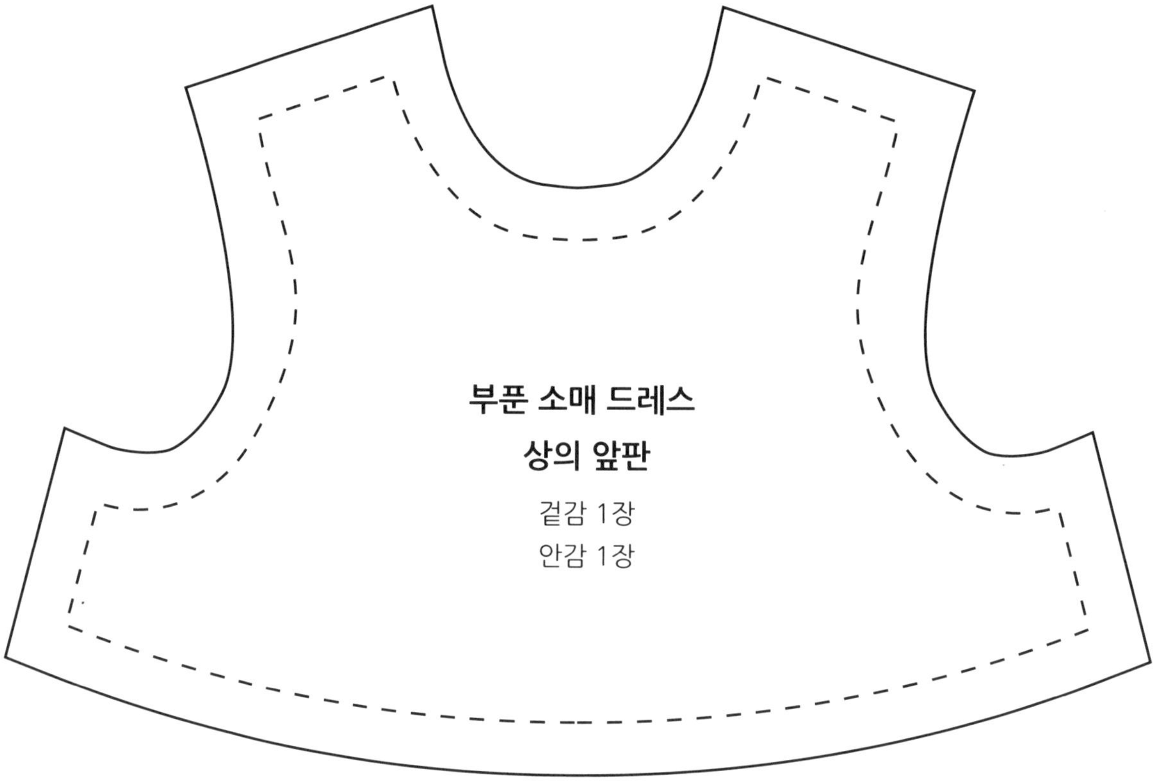

치마 원단(p.082, 1번 확인)
- 시접 포함 110×13.5cm 1장

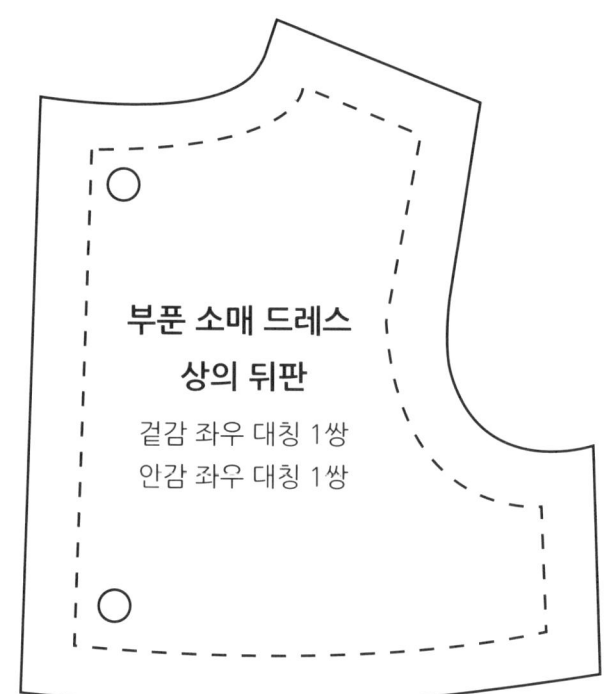

부푼 소매 드레스
상의 뒤판
겉감 좌우 대칭 1쌍
안감 좌우 대칭 1쌍

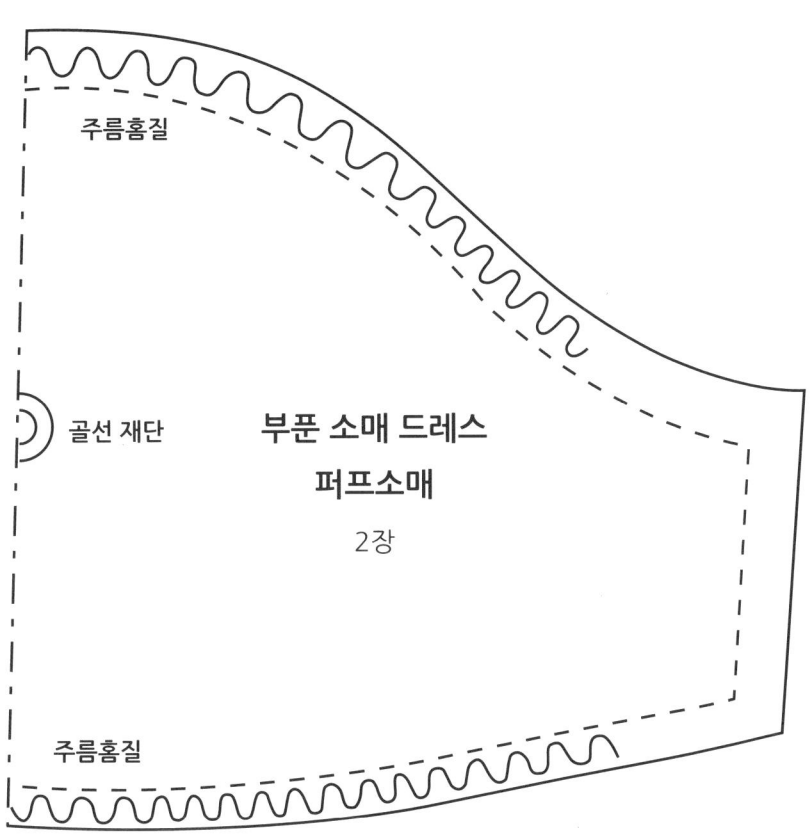

주름홈질

골선 재단

부푼 소매 드레스
퍼프소매

2장

주름홈질

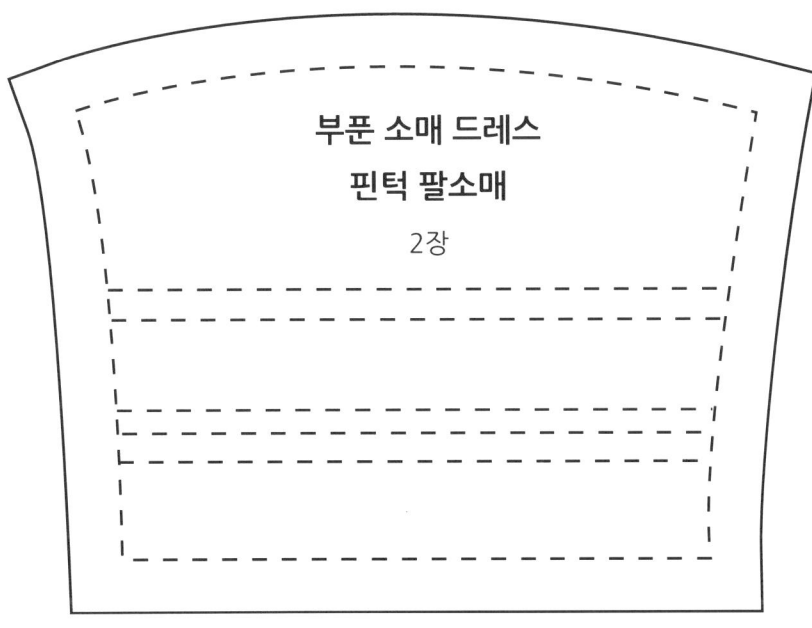

부푼 소매 드레스
핀턱 팔소매

2장

소공녀의 빅토리아 드레스
상의 앞판

겉판
좌우 1쌍

플래스트런
주름 후 패턴이므로
만드는 방법을 참조하세요.

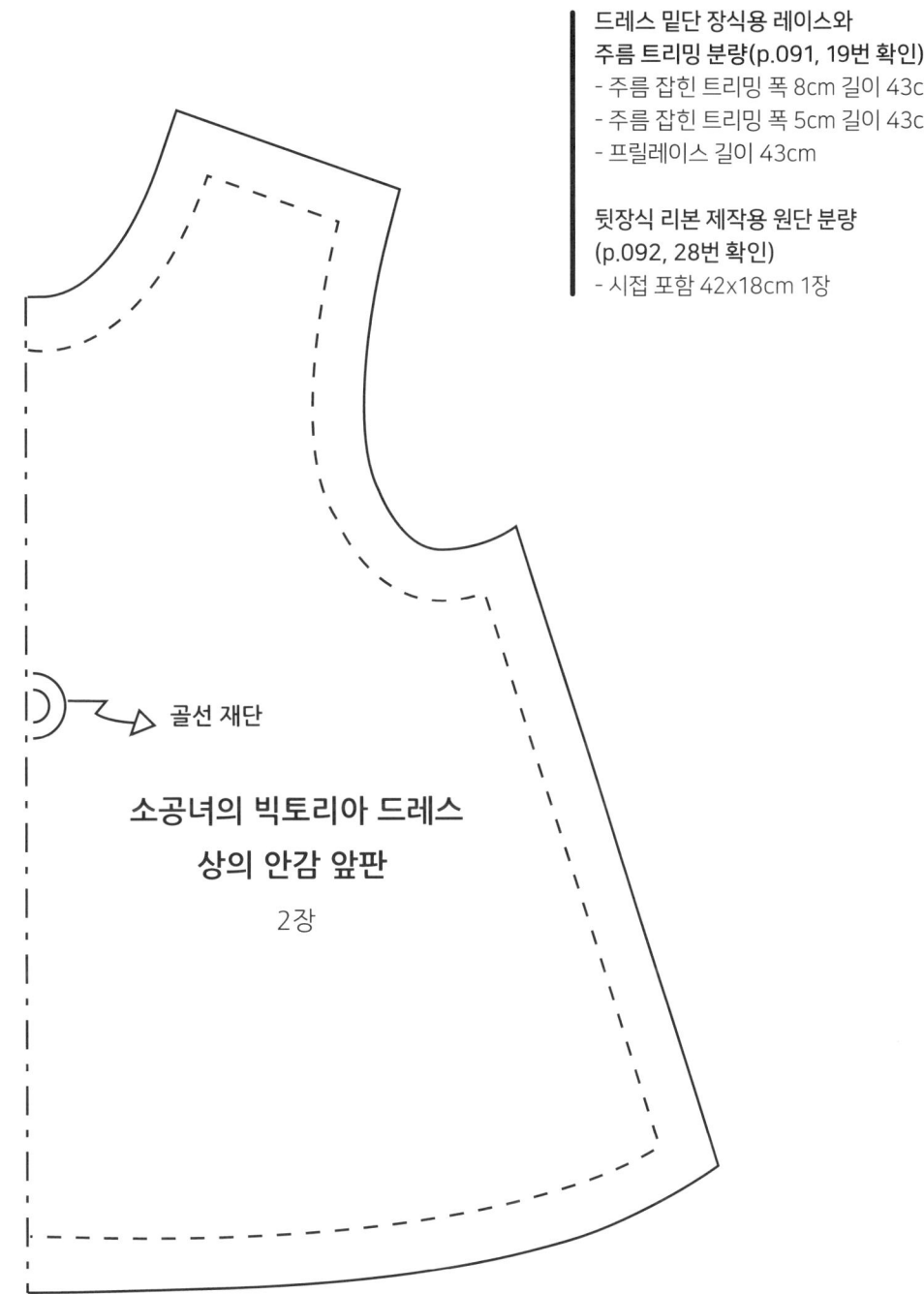

드레스 밑단 장식용 레이스와
주름 트리밍 분량(p.091, 19번 확인)
- 주름 잡힌 트리밍 폭 8cm 길이 43cm
- 주름 잡힌 트리밍 폭 5cm 길이 43cm
- 프릴레이스 길이 43cm

뒷장식 리본 제작용 원단 분량
(p.092, 28번 확인)
- 시접 포함 42x18cm 1장

골선 재단

소공녀의 빅토리아 드레스
상의 안감 앞판

2장

(만드는 법: p.088)

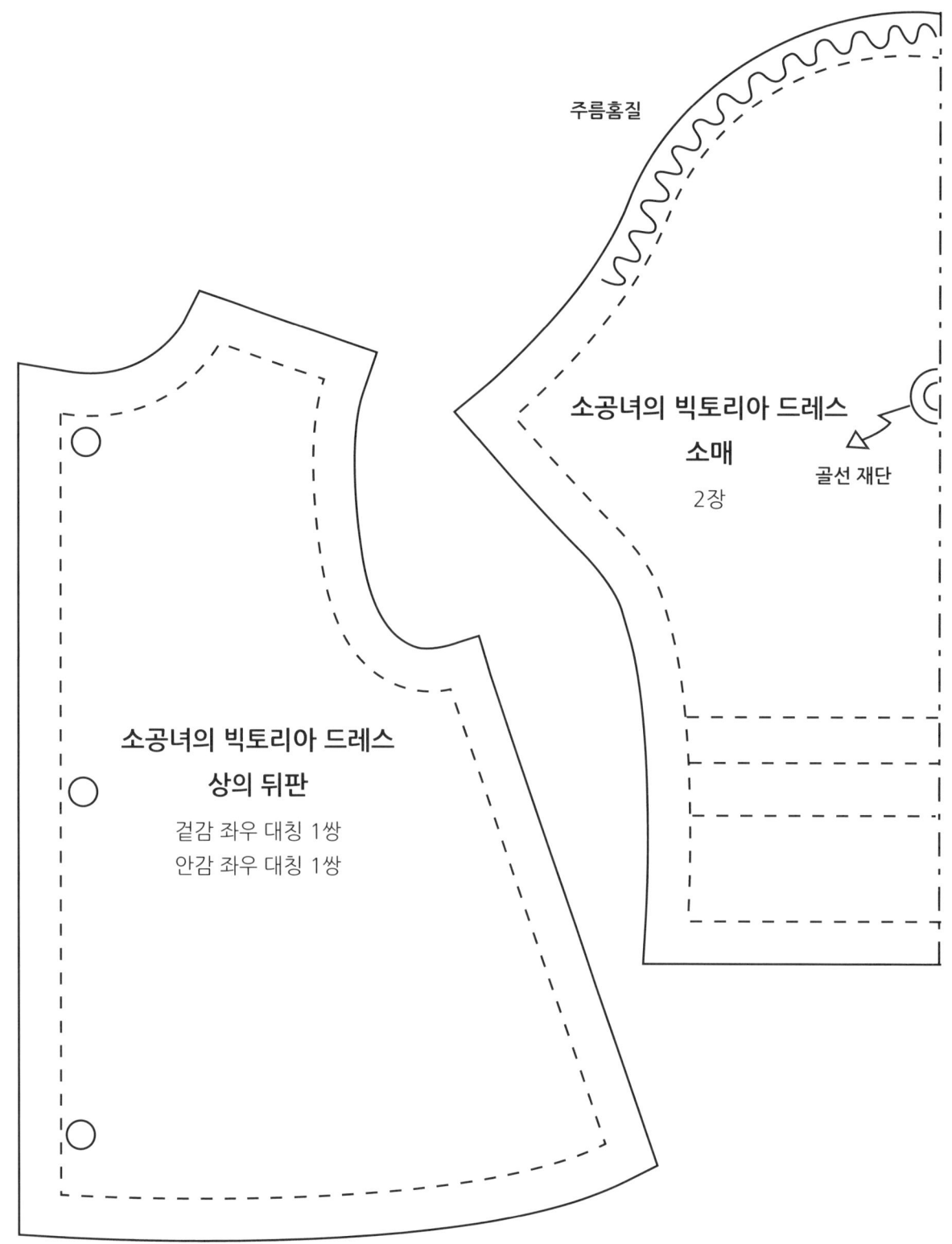

주름홈질

소공녀의 빅토리아 드레스
소매

2장

골선 재단

소공녀의 빅토리아 드레스
상의 뒤판

겉감 좌우 대칭 1쌍
안감 좌우 대칭 1쌍

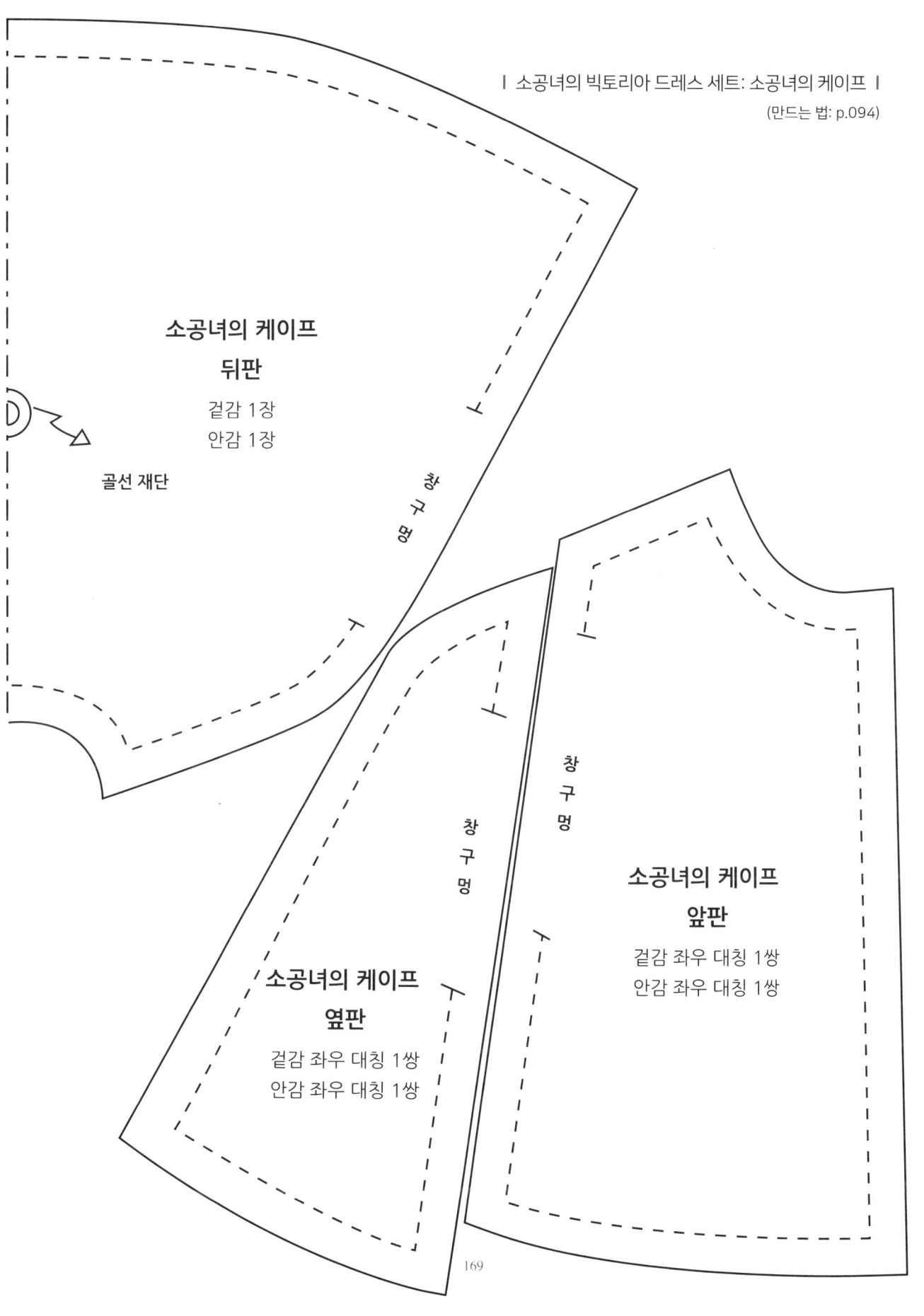

소공녀의 케이프
뒤판

겉감 1장
안감 1장

골선 재단

창 구 멍

소공녀의 케이프
옆판

겉감 좌우 대칭 1쌍
안감 좌우 대칭 1쌍

창 구 멍

창 구 멍

소공녀의 케이프
앞판

겉감 좌우 대칭 1쌍
안감 좌우 대칭 1쌍

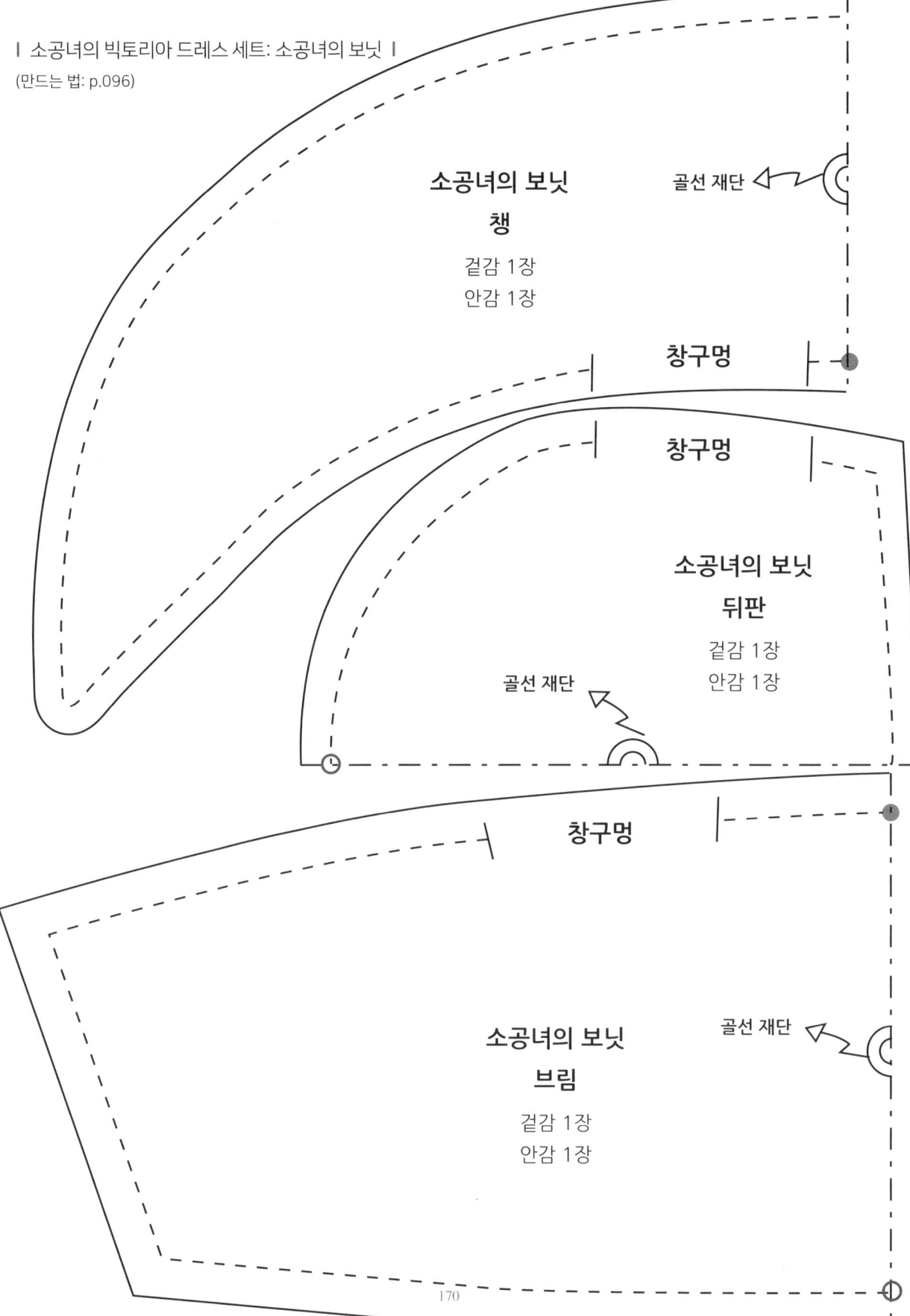

Ⅰ 소공녀의 빅토리아 드레스 세트: 소공녀의 보닛 Ⅰ
(만드는 법: p.096)

소공녀의 보닛
챙
겉감 1장
안감 1장

골선 재단

창구멍

창구멍

소공녀의 보닛
뒤판
겉감 1장
안감 1장

골선 재단

창구멍

골선 재단

소공녀의 보닛
브림
겉감 1장
안감 1장

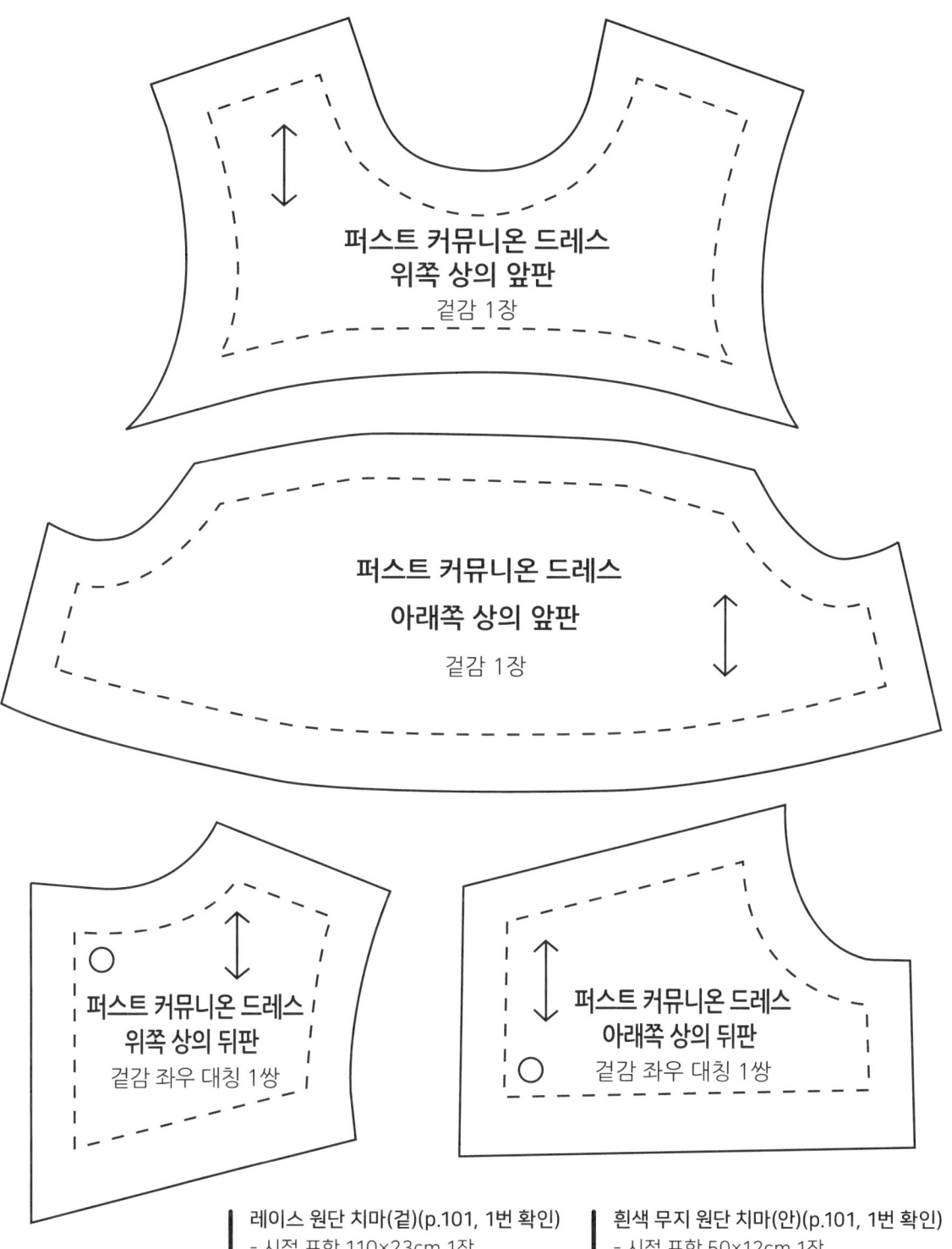

퍼스트 커뮤니온 드레스
위쪽 상의 앞판
겉감 1장

퍼스트 커뮤니온 드레스
아래쪽 상의 앞판
겉감 1장

퍼스트 커뮤니온 드레스
위쪽 상의 뒤판
겉감 좌우 대칭 1쌍

퍼스트 커뮤니온 드레스
아래쪽 상의 뒤판
겉감 좌우 대칭 1쌍

▮ 레이스 원단 치마(겉)(p.101, 1번 확인)
▮ - 시접 포함 110×23cm 1장

▮ 흰색 무지 원단 치마(안)(p.101, 1번 확인)
▮ - 시접 포함 50×12cm 1장

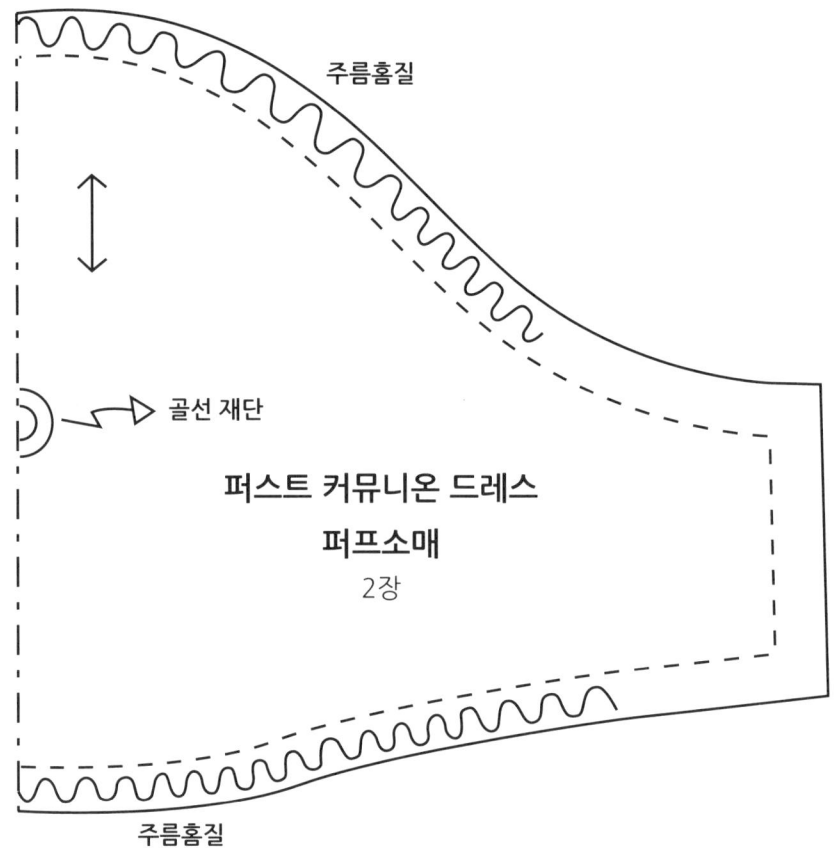

주름홈질

골선 재단

퍼스트 커뮤니온 드레스
퍼프소매
2장

주름홈질

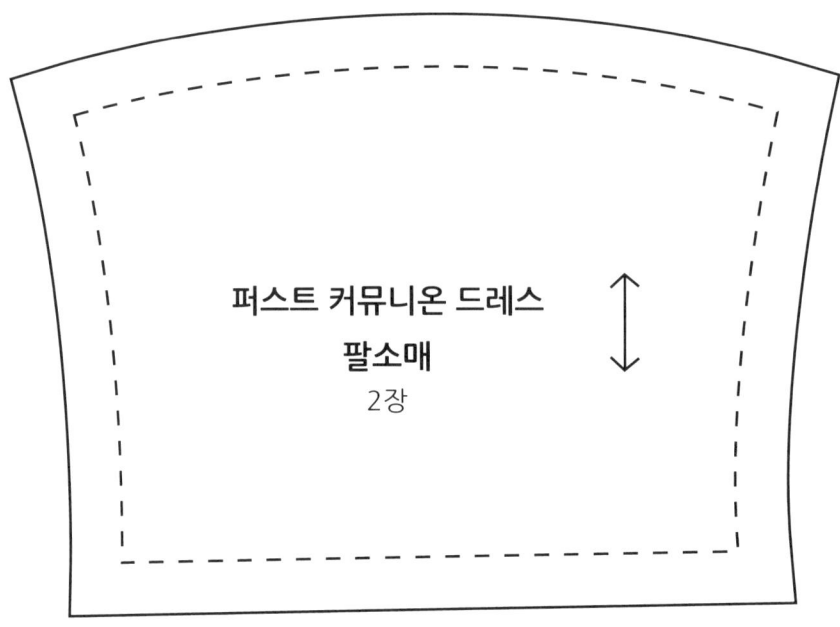

퍼스트 커뮤니온 드레스
팔소매
2장

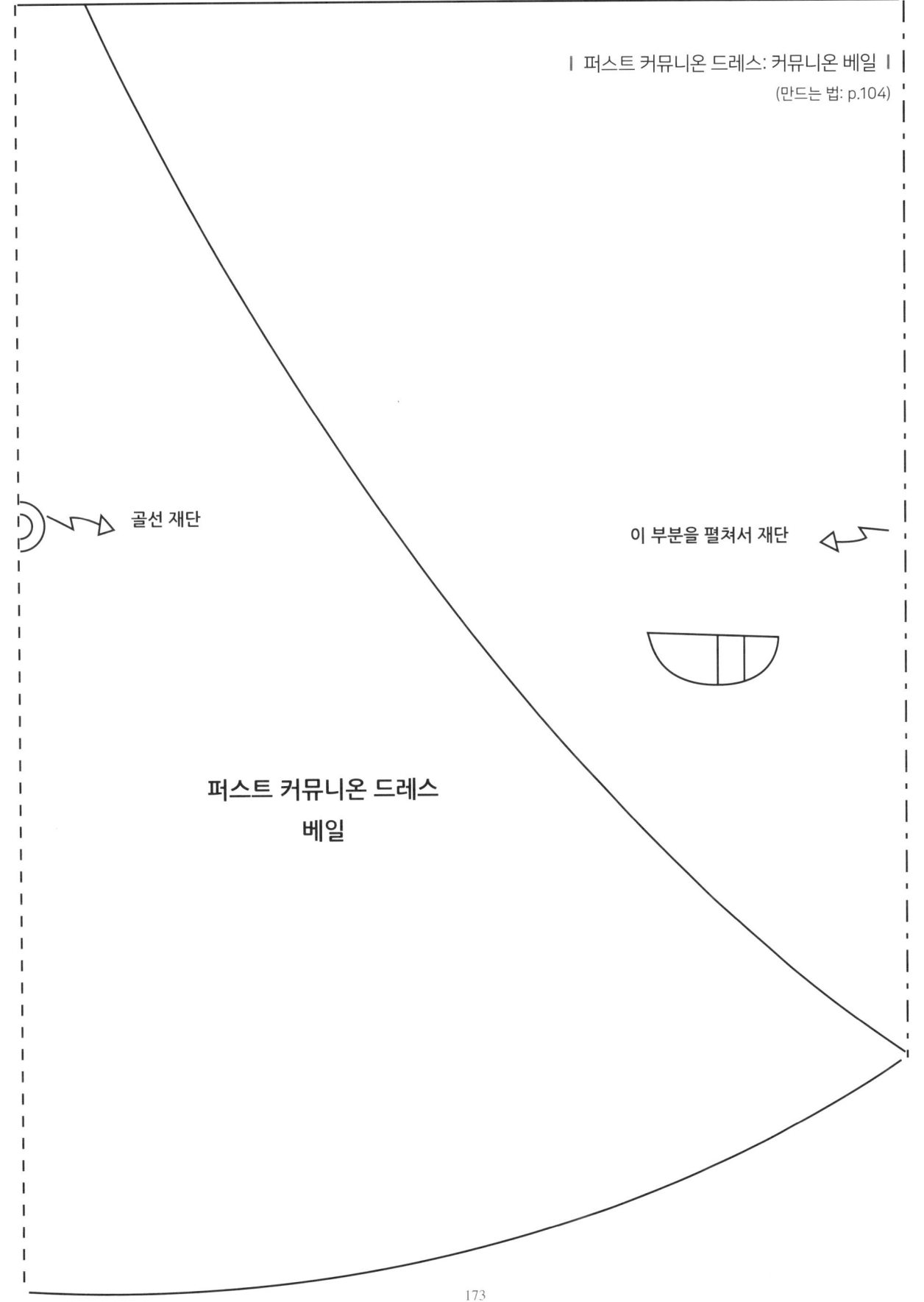

골선 재단

이 부분을 펼쳐서 재단

퍼스트 커뮤니온 드레스

베일

❙ 프티 트리아농의 마리 테레즈: 로코코 드레스 ❙

(만드는 법: p.108)

로코코 드레스
상의 앞판
겉감 1장
안감 1장

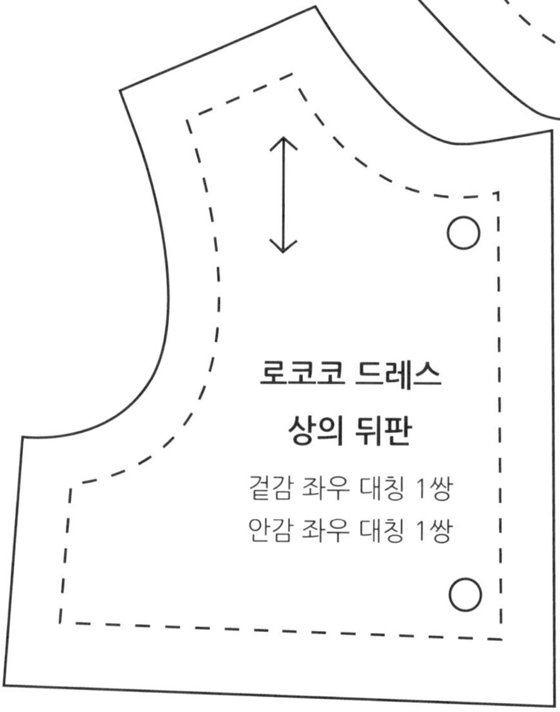

로코코 드레스
상의 뒤판
겉감 좌우 대칭 1쌍
안감 좌우 대칭 1쌍

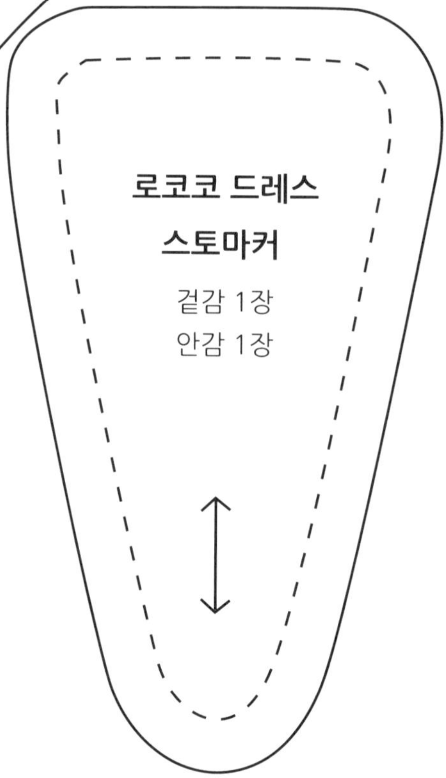

로코코 드레스
스토마커
겉감 1장
안감 1장

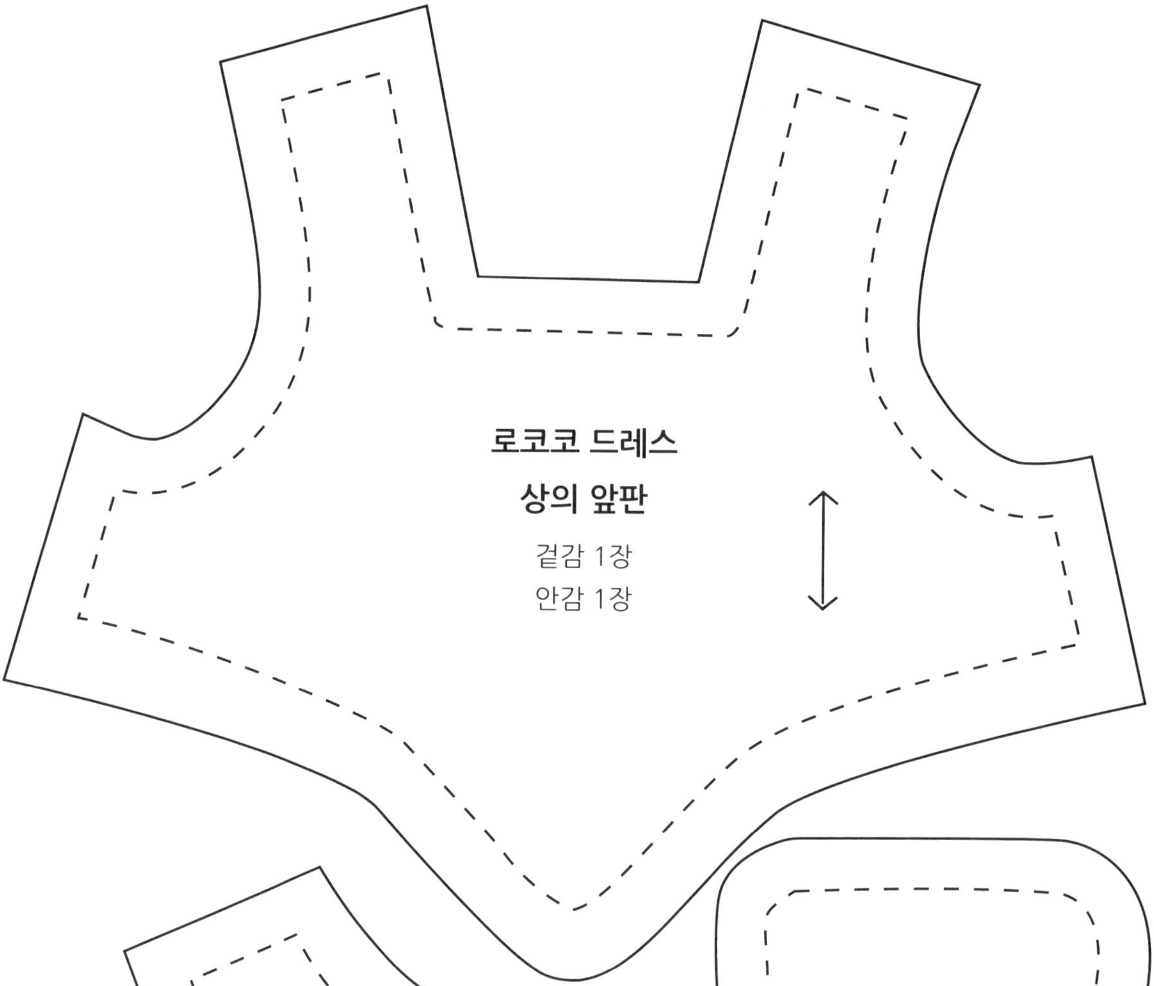

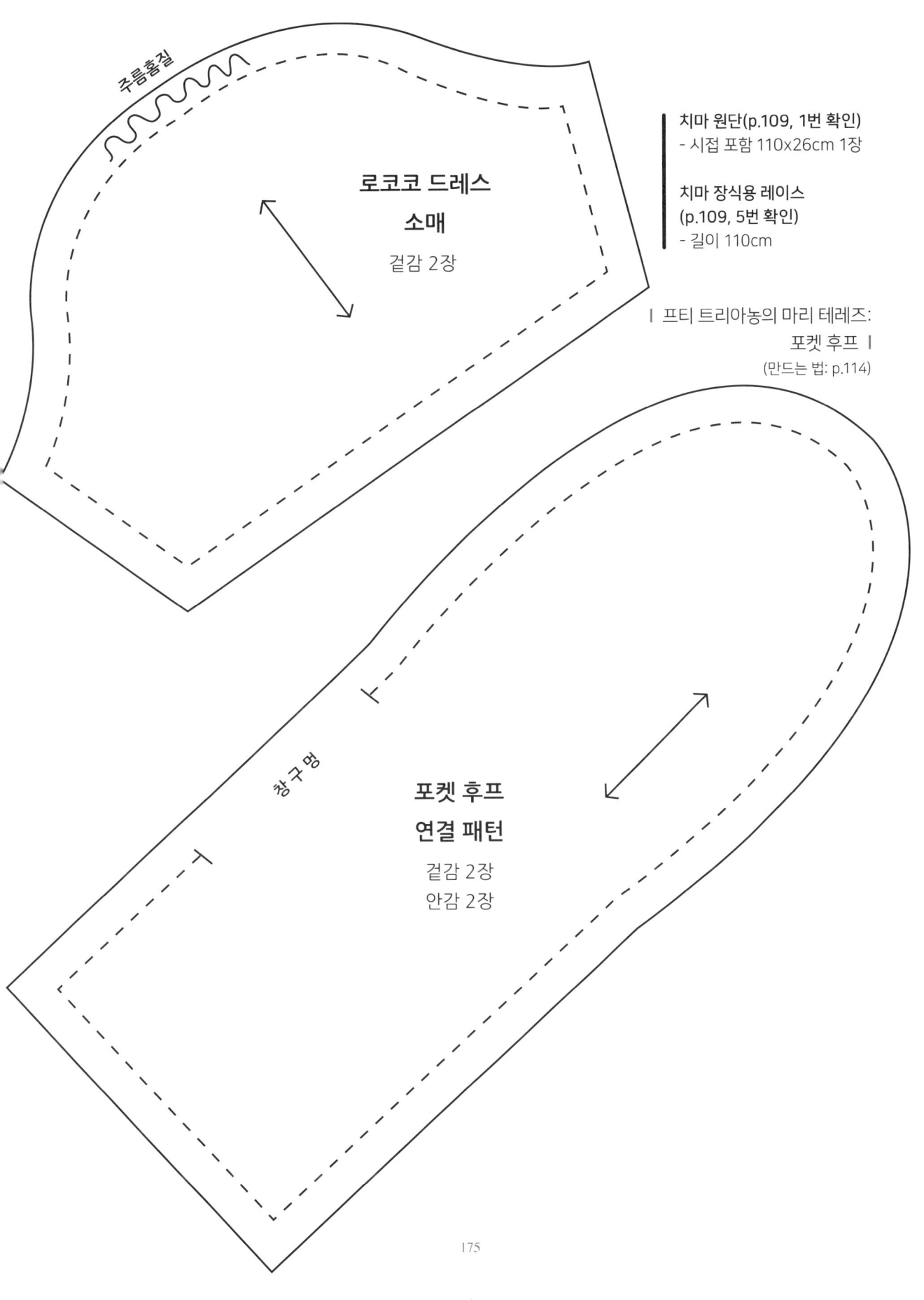

주름홈질

로코코 드레스
소매

겉감 2장

치마 원단(p.109, 1번 확인)
- 시접 포함 110x26cm 1장

치마 장식용 레이스
(p.109, 5번 확인)
- 길이 110cm

ㅣ 프티 트리아농의 마리 테레즈:
포켓 후프 ㅣ
(만드는 법: p.114)

창구멍

포켓 후프
연결 패턴

겉감 2장
안감 2장

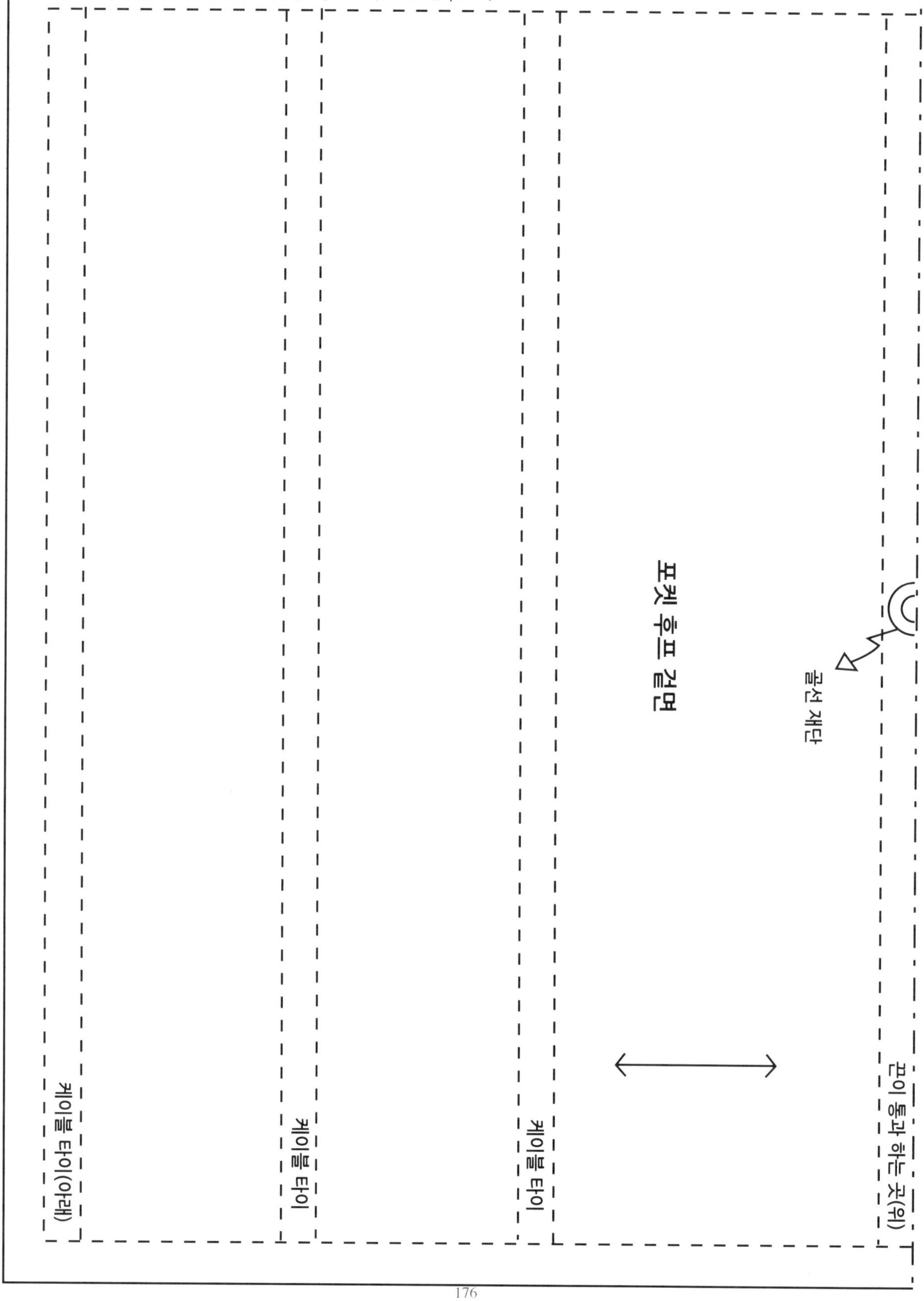

포켓 후프 겉면

끈선 재단

케이블 타이(안쪽)

케이블 타이

케이블 타이

끈이 통과 하는 곳(위)

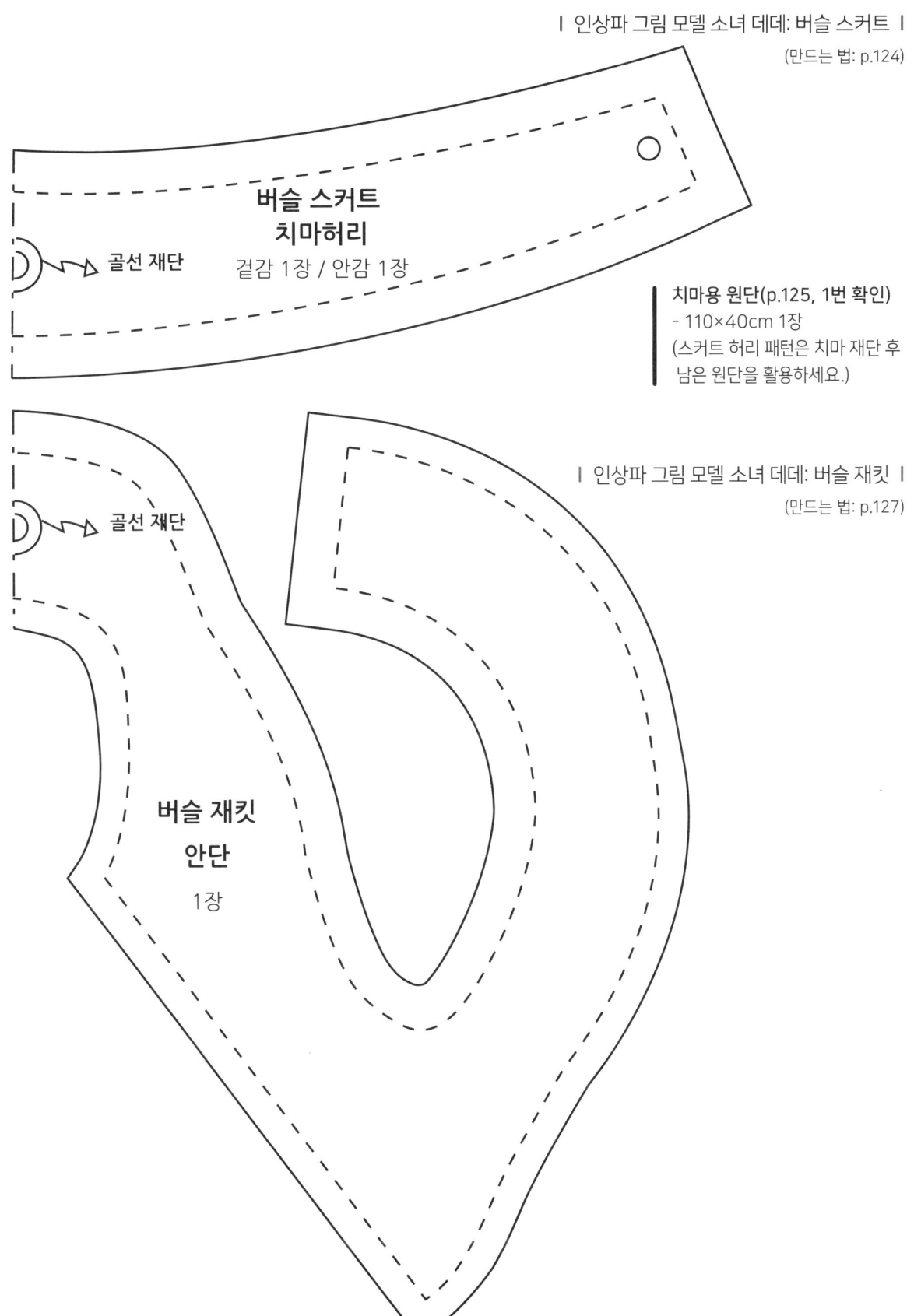

| 인상파 그림 모델 소녀 데데: 버슬 스커트 |

(만드는 법: p.124)

**버슬 스커트
치마허리**
겉감 1장 / 안감 1장

골선 재단

치마용 원단(p.125, 1번 확인)
- 110×40cm 1장
(스커트 허리 패턴은 치마 재단 후
남은 원단을 활용하세요.)

| 인상파 그림 모델 소녀 데데: 버슬 재킷 |

(만드는 법: p.127)

골선 재단

**버슬 재킷
안단**

1장

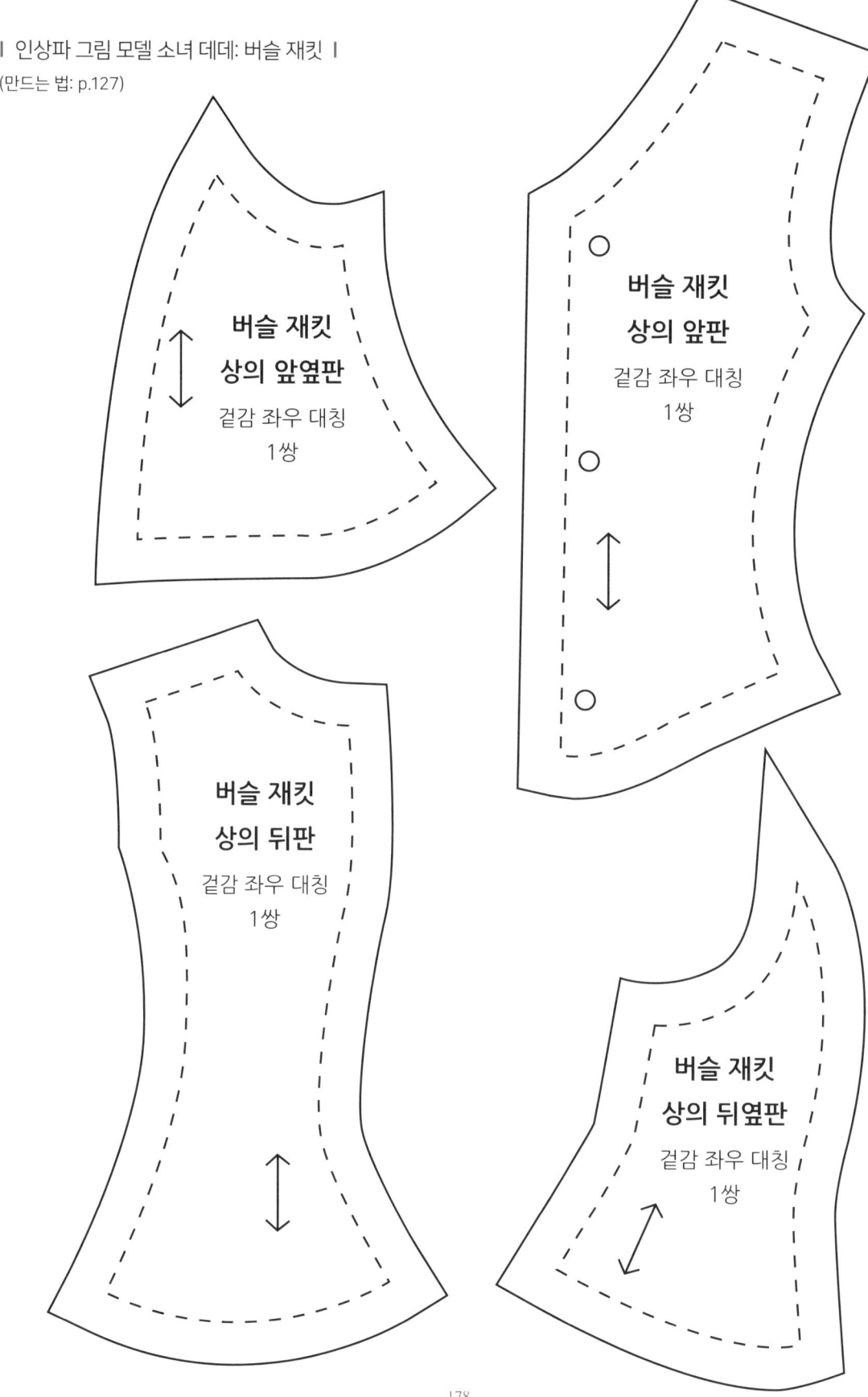

버슬 재킷
상의 앞옆판

겉감 좌우 대칭
1쌍

버슬 재킷
상의 앞판

겉감 좌우 대칭
1쌍

버슬 재킷
상의 뒤판

겉감 좌우 대칭
1쌍

버슬 재킷
상의 뒤옆판

겉감 좌우 대칭
1쌍

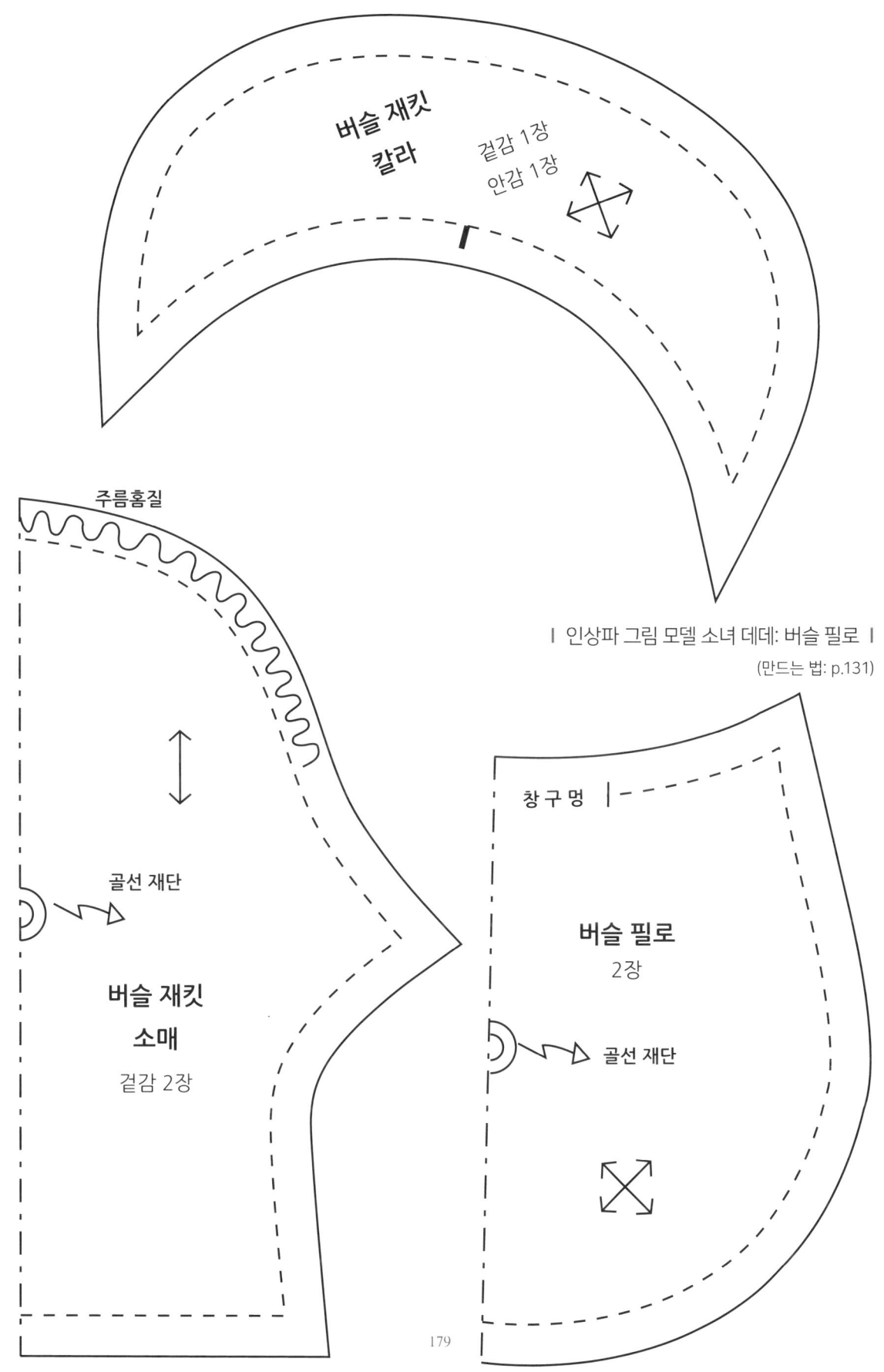

버슬 재킷
칼라

겉감 1장
안감 1장

주름홈질

∥ 인상파 그림 모델 소녀 데데: 버슬 필로 ∥
(만드는 법: p.131)

창구멍

골선 재단

버슬 재킷
소매

겉감 2장

버슬 필로

2장

골선 재단

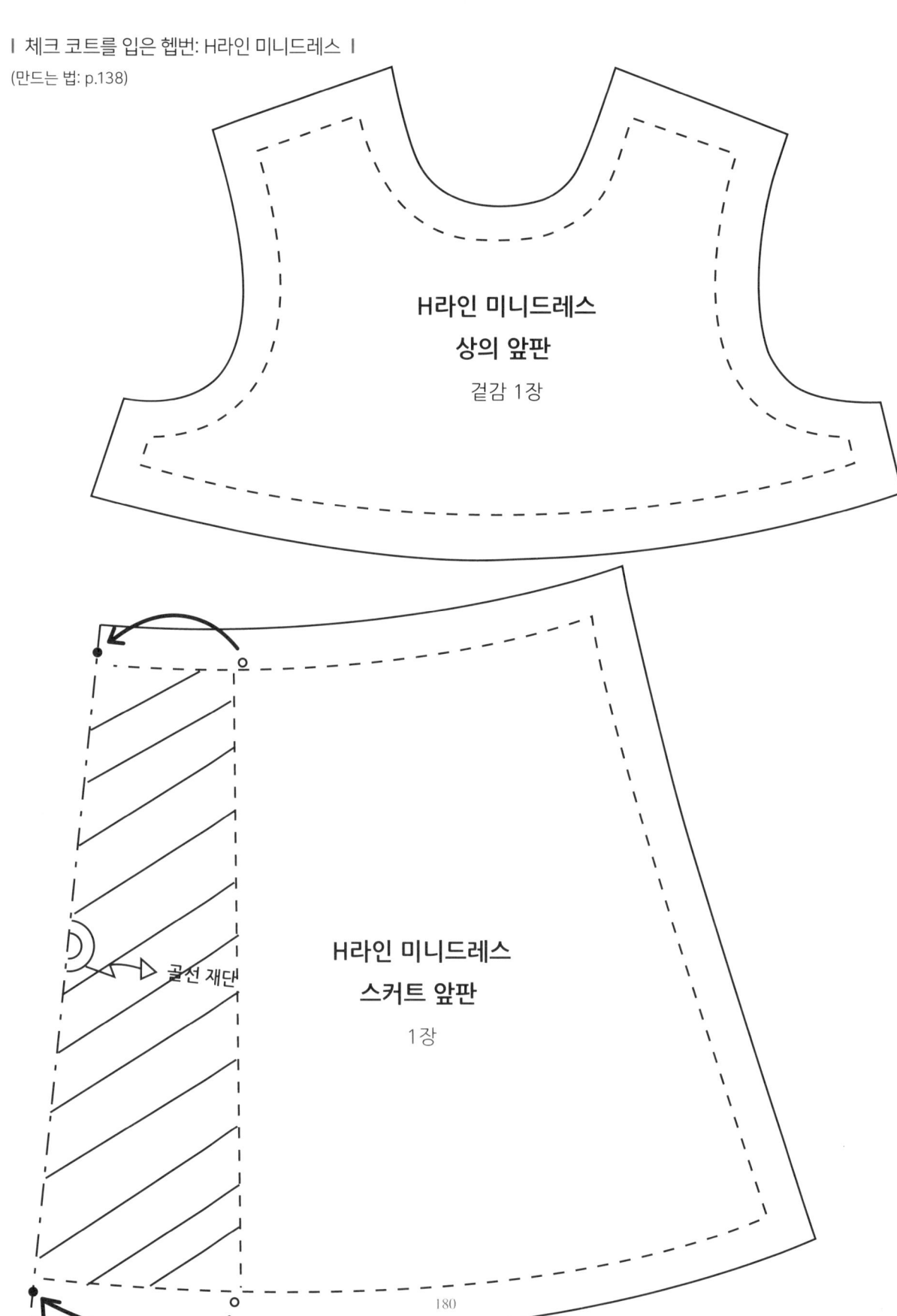

H라인 미니드레스
상의 앞판

겉감 1장

H라인 미니드레스
스커트 앞판

1장

골선 재단

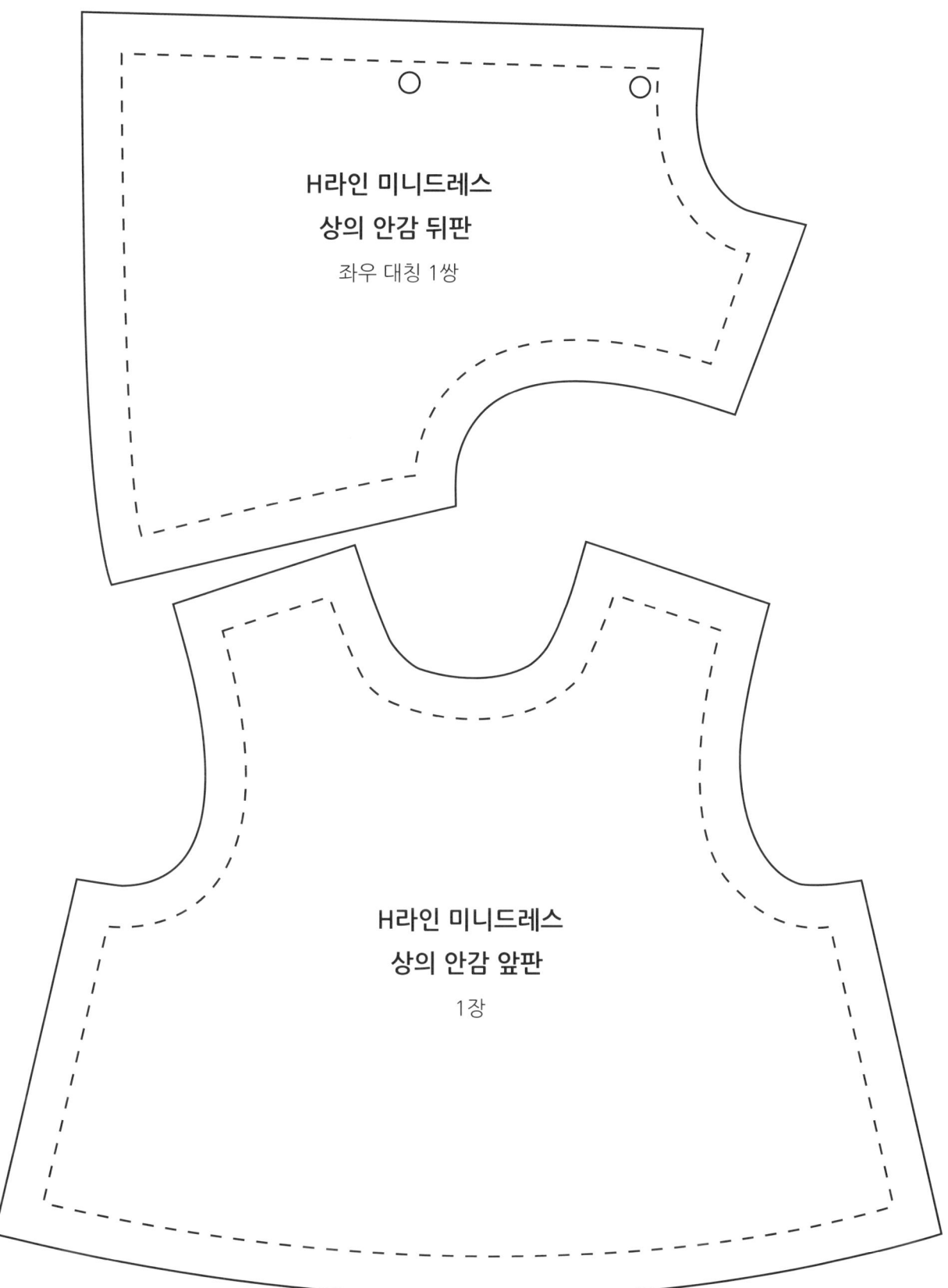

H라인 미니드레스
상의 안감 뒤판

좌우 대칭 1쌍

H라인 미니드레스
상의 안감 앞판

1장

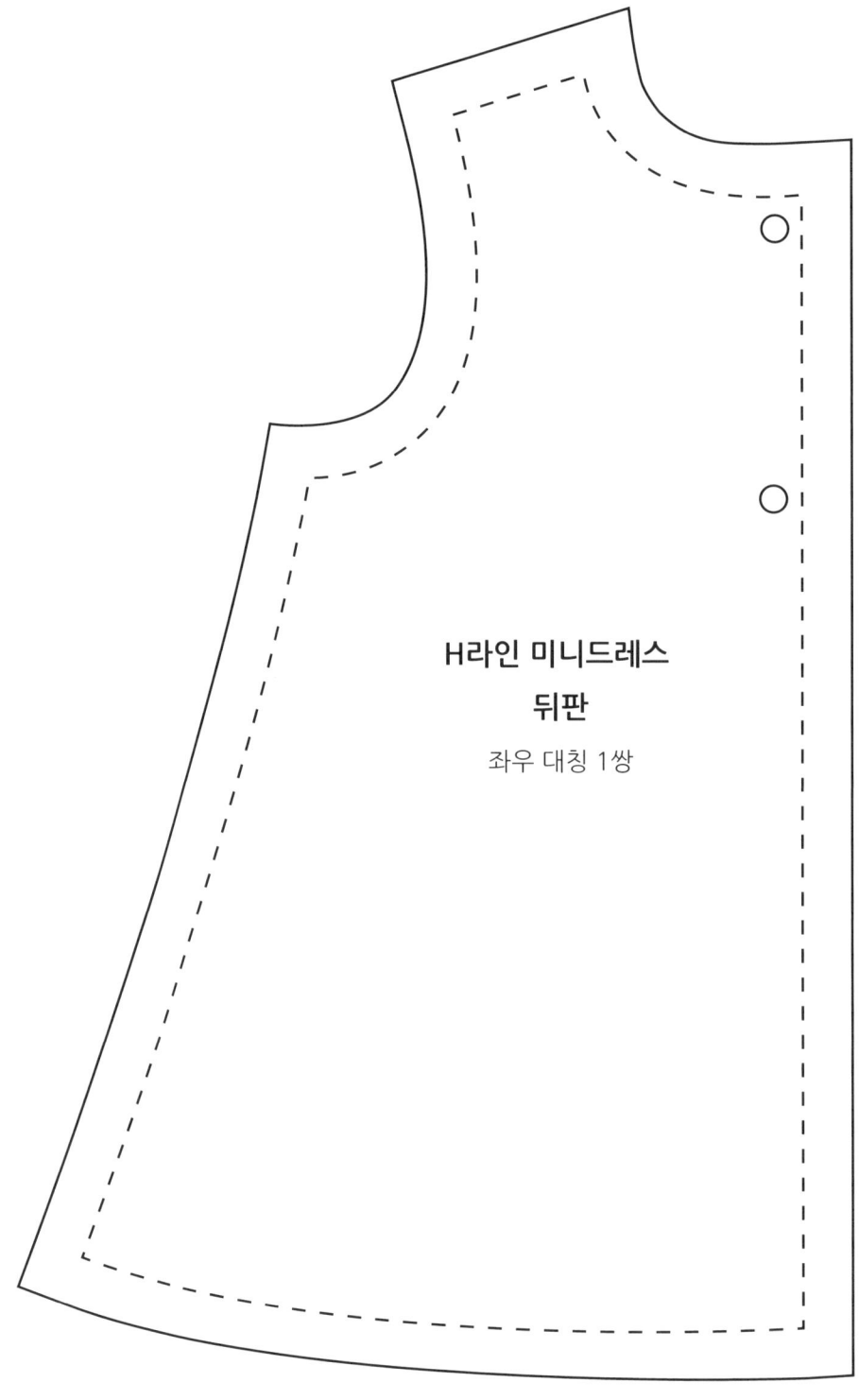

H라인 미니드레스
뒤판

좌우 대칭 1쌍

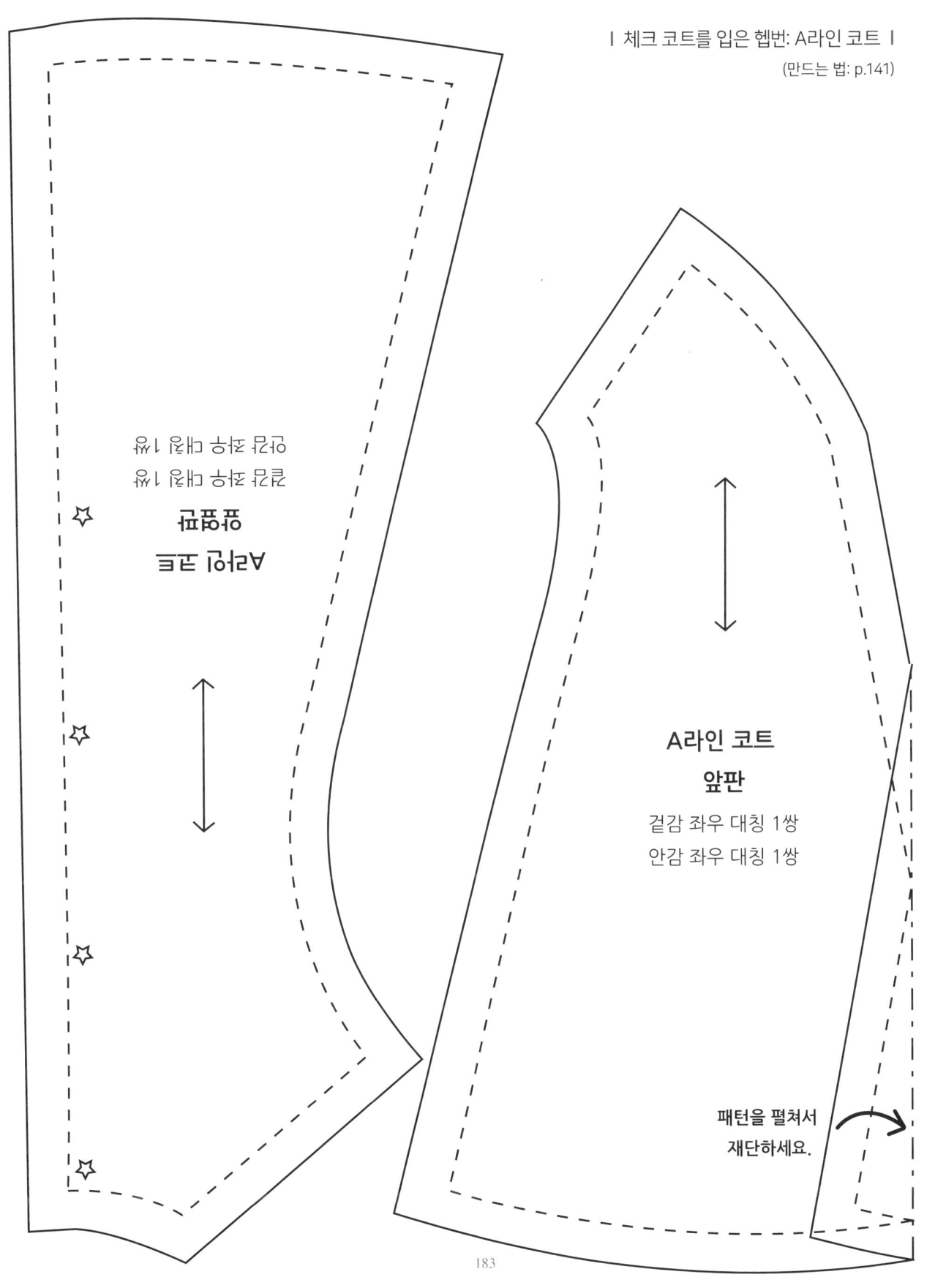

A라인 코트
안쪽판
앞판 옆선 좌우 대칭 1쌍
안감 옆선 좌우 대칭 1쌍

A라인 코트
앞판
겉감 좌우 대칭 1쌍
안감 좌우 대칭 1쌍

패턴을 펼쳐서
재단하세요.

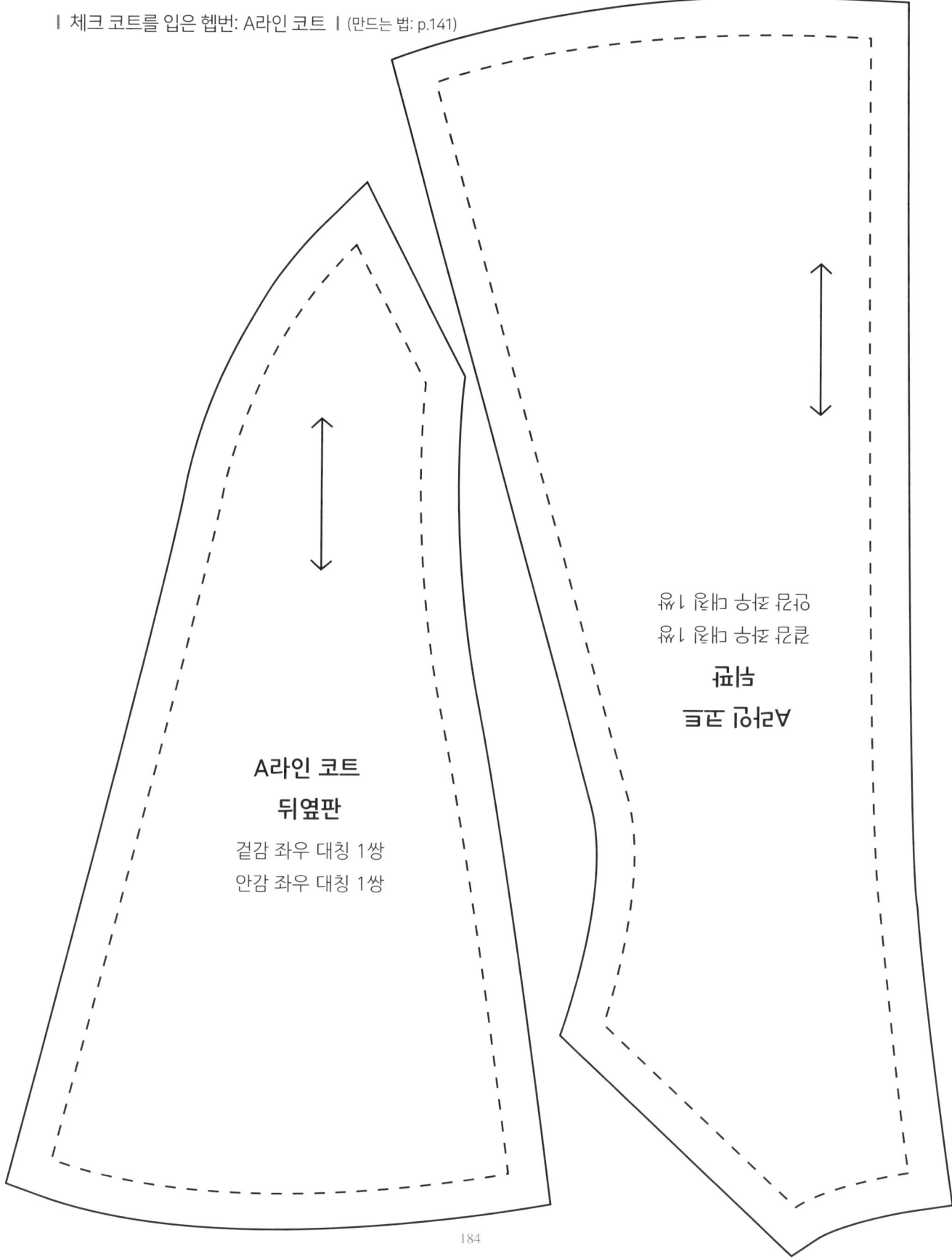

A라인 코트
뒤옆판

겉감 좌우 대칭 1쌍
안감 좌우 대칭 1쌍

A라인 코트
뒤판

겉감 좌우 대칭 1장
안감 좌우 대칭 1장

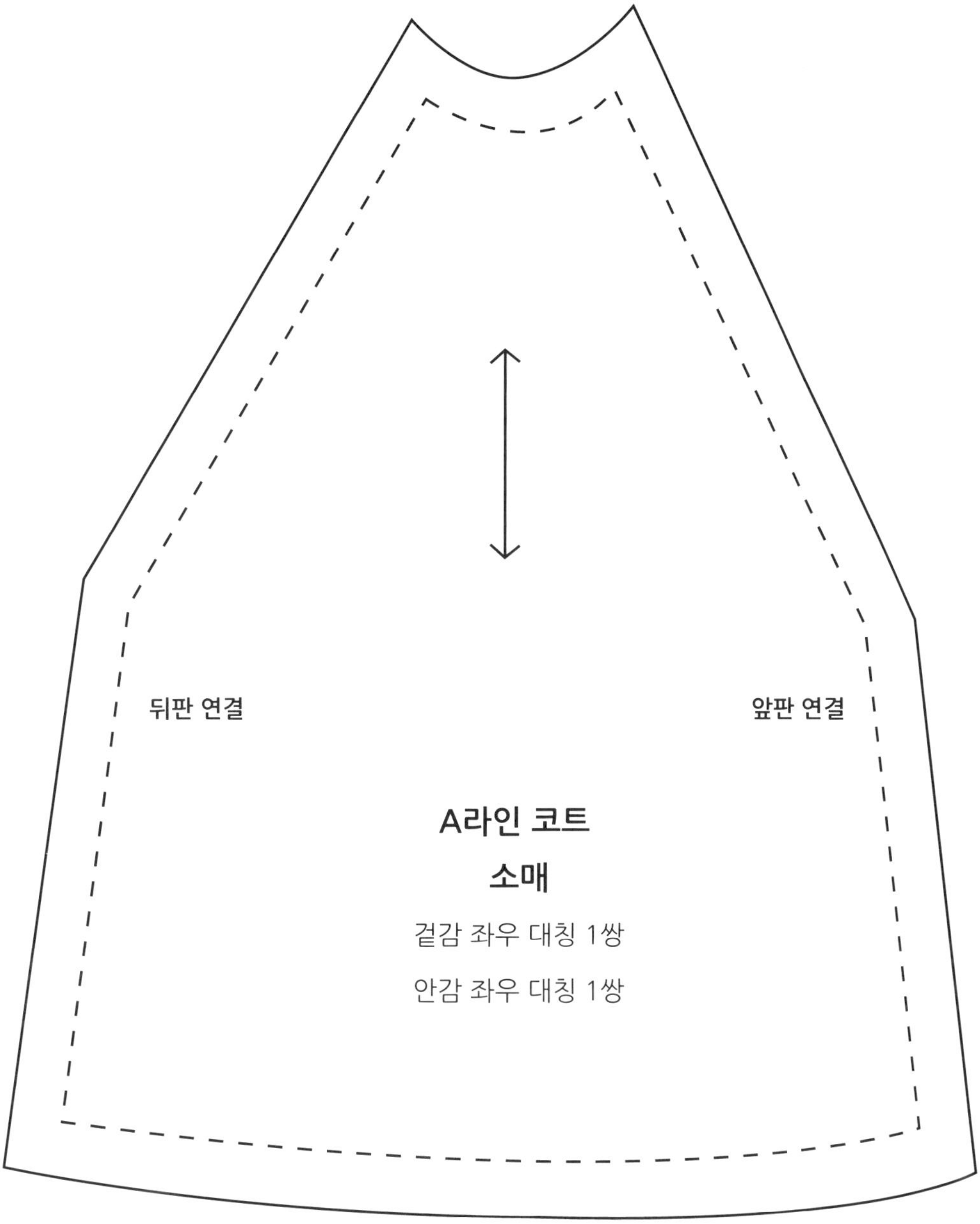

뒤판 연결　　　　　　　　　　　　　　　앞판 연결

A라인 코트
소매
겉감 좌우 대칭 1쌍

안감 좌우 대칭 1쌍

골선 재단

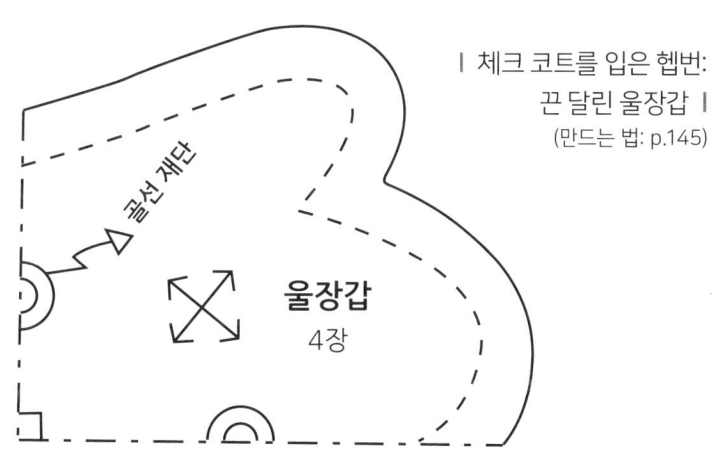

울장갑
4장

| 체크 코트를 입은 헵번:
끈 달린 울장갑 |
(만드는 법: p.145)

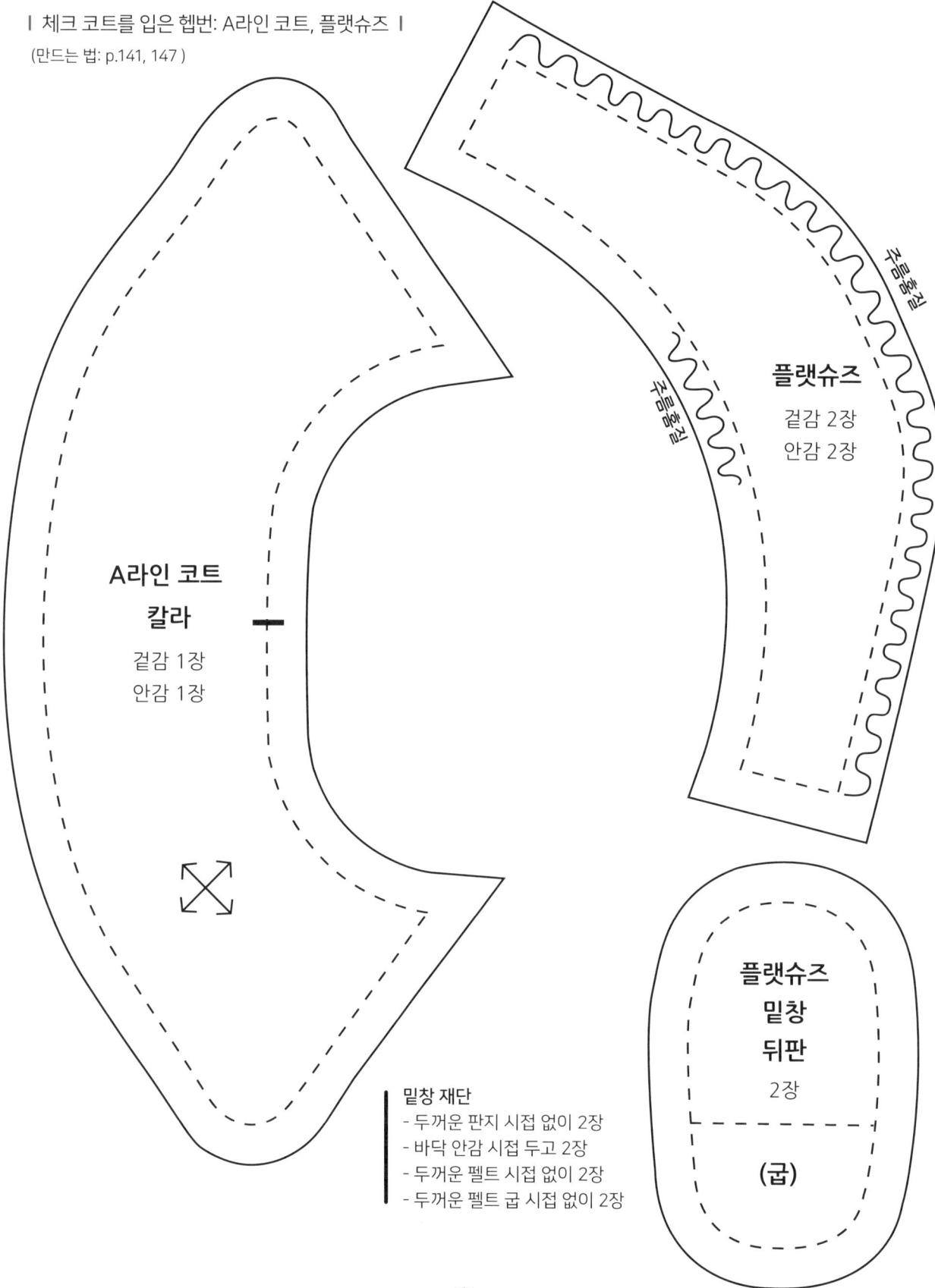

┃ 체크 코트를 입은 헵번: A라인 코트, 플랫슈즈 ┃

(만드는 법: p.141, 147)

플랫슈즈

겉감 2장
안감 2장

주름홈질

주름홈질

A라인 코트
칼라

겉감 1장
안감 1장

플랫슈즈
밑창
뒤판

2장

(굽)

밑창 재단
- 두꺼운 판지 시접 없이 2장
- 바닥 안감 시접 두고 2장
- 두꺼운 펠트 시접 없이 2장
- 두꺼운 펠트 굽 시접 없이 2장

이 책이 인형옷을 사랑하는
당신에게 좋은 추억으로 남기를 바랍니다.